KB054113

우대빵과 함께하는
성공 부동산 중개사무소 창업

우대빵과 함께하는
성공 부동산
중개사무소
창업

조용석 외 지음

매일경제신문사

매년 연말부터 연초에는 합격한 공인중개사들과 이른바 장롱면허를 가진 기존 합격자들 모두 중개사무소 개업을 고려한다. 우대빵에서 창업 상담을 맡고 있어서 이분들이 가진 고민이 얼마나 다양한지 잘 알고 있다.

일단 현재 부동산 시장에 대한 고민이 가장 많은 듯하다. 정부의 계속된 규제로 유형별로 모든 부동산 상품의 거래가 급감했다. 하지만 향후 경기가 좋아진다는 보장도 없고 과거와 같이 거래가 잘될 시기가 올지도 예상하기 힘들다. 어디에 차리는 것이 가장 좋을지, 매물은 어떻게 확보할지, 손님은 얼마나 올지 등 하나부터 열까지 모두가 고민거리다.

중개보수 통계를 살펴보면 아파트를 포함한 주거용 부동산이 전체 거래금액에서는 52.7%, 중개 거래금액에서는 무려 80.55%나 된다. 따라서 주거용 부동산을 제외하고 중개를 논하기는 어렵다. 상가와 토지가 전문 분야라 하더라도 이런 상품들은 수수료는 높은 반면 거래빈도는 낮다. 일단 주거용으로 사무실 유지가 되어야 한다. 이런 차원에서 아파트를 전문으로 하는 우대빵은 의미가 있다.

우대빵은 설립된 지 불과 1년여 지났지만, 누가 보더라도 빠른 성장을 구현하는 중이다. 우대빵과 같은 회사를 기업형 부동산 중개회사라고 이야기할 수 있는데, 이는 우대빵뿐만이 아니다. 다양한 기업형 부동산 중개회사들이 생겨나고 있다. 이제는 이런 회사들 중 하나를 선택할 것인지 아니면 개별로 할 것인지, 비교하는 단계까지 와 있는 듯하다. 정말 주의해야 할 점은 기존 중개사무소를 권리금을 주고 사는 것이다. 서울의 아파트 단지의 경우 권리금 수준이 억대에 이른다. 이런 비용을 지불하고 수익을 내는 것은 거의 불가능하다.

우대빵이 아니더라도 프롭테크(Proptech) 산업의 급격한 발전으로 인해 다양한 기업형 부동산 중개회사가 생겨날 것이다. 장기적으로 부동산 중개 시장은 이런 기업형 회사와 개인 회사로 나뉠 가능성이 크다. 본인이 시스템에 익숙하고 협력해서 일을 하는 것을 좋아한다면 기업형 부동산 중개회사를 선점하는 것이 좋다. 우대빵의 경우에도 영업거점지역은 '동'을 기준으로, 영업지역은 '구'나 '시'를 기반으로 선점할 수 있으니 엄청나게 넓은 영업권을 가질 수 있다. 그동안의 경험을 적용한다면 가장 먼저 들어가는 공인중개사가 가장 많은 매출을 올린다. 이는 어떤 산업에서도 마찬가지로 적용되는데, 지역 비즈니스인 중개 시장의 경우에는 더 잘 적용된다.

우대빵은 미래가 더 기대되는 회사다. 운이 좋게도 부동산114와 우대빵이라는 두 회사에서 근무했는데, 유사한 점과 함께 다른 점 또한 많다. 경영진이 우수하다는 점은 유사하다고 볼 수 있는데, 경영진의 구성은 우대빵이 더 차별화된다. 우대빵의 경영진은 중개, 영업, 사업, 학교 등 굉장히 다양하게 구성이 되어 있다. 가장 큰 장점은 부동산 시장을 잘 안다는 점이다. 아무리 큰 회사라고 하더라도 플랫폼 회사들은 현장을 잘 모르는 경향이 있다. 따라서 사업 확장에 있어서 많은 한계를 노출한다. 하지만 우대빵은 작은 부분부터 시작해서 크고 거대하게 성장하고 있다. 마케팅의 핵심을 잘 파악하고 있는 전략이라고 볼 수 있다.

이 책은 그동안 우대빵의 성장과정에서 체득한 노하우를 전달하려는 목적으로 집필되었다. 프롤로그는 필자가 썼지만 이 책은 우대빵과 우대빵을 지원하는 분들의 공동 작품이다. 특히 현재 개업한 지점장들의 생생한 후기가 포함되어 의미가 있다. 공인중개사 시험을 보려는 사람, 개업을 앞두고 있는 공인중개사, 그리고 하루하루 영업의 전선에서 고민하는 개업공인중개사분들이 일독했으면 한다.

우대빵 부동산 연구소장
심형석

차례

매물을 확보하는 비법

고객이 넘치는 부동산 중개사무소 만들기

중개사에게 힘이 되는 중개시스템과 협업 툴

PART 06 중개사무소 개설 절차와 유의점

PART 07 유튜브는 기본, 블로그는 필수

PART 08 지점 사례

부동산 중개업 시장의 변화와 우대빵

왜 우대빵이 중개업 시장에
나타났을까?

최근 부동산 중개보수 개편이 확정됐다. 이번 개편안은 대부분의 공인중개사들이 원하지 않는 방향이다. 하지만 다양한 토론회에 참석해보면 주택수요자들의 중개보수를 향한 싸늘한 시선을 느낄 수 있었다. 사실 이런 전문자격사의 보수체계 개편은 상당히 오랜 기간을 두고 연구와 조사를 거듭한 끝에 이루어져야 한다. 하지만 이번 개편은 집값이 올랐기 때문에 허겁지겁 이루어진 측면이 있다. 그런데도 여기에 토를 달기 어려운 것은 그동안 주택수요자들의 불만이 쌓여 폭발 직전의 상황이었기 때문이다.

우리나라의 중개보수는 해외와 비교하면 낮은 편이다. 절대치가 낮은 것은 부인할 수 없는 사실이다. 상한선이 1% 미만인 우리나라 중개보수에 비해 해외 중개보수는 3~6% 사이니 차이가 많이 난다. 하지만 상대적 평가에서는 다른 이야기가 나온다. 집 한 번 보여주고 수천만 원 받는다는 말이 현장에서 나오는 것은 중개서비스의 질이 해외와 다르다는 방증이다.

일단 주택상품의 형태가 해외와 다르다. 외국은 대부분 단독주택이다. 유럽이나 북미의 경우 대략 8대 2의 비율로 단독주택이 많다. 이웃 나라인 일본만 해도 6대 4의 비율로 단독주택이 많다. 단독주택은 바로 옆에 있어도 가격이 다르다. 내부에 방이 몇 개 있는지, 수영장이 있는지 등으로 가격이 달라진다. 하지만 우리가 많이 거래하는 아파트란 상품은 균일하다. 옆집이 얼마인지를 알면 굳이 내 집의 가격을 평가할 필요가 없다. 층과 향 정도만 고려하면 가격을 실시간으로 파악할 수 있다.

비교적 단순한 중개거래임에도 보수가 높다는 것이 일반적인 소비자들의 생각이다. 하지만 잘못된 영업방식이 더 큰 문제다. 가두리, 실거래가 늦게 올리기, 허위매물 만들기 등 주택수요자들을 화나게 만들었던 전근대적인 영업방식이 아직도 현장에서는 널리 퍼져 있다. 사실 중개보수보다도 이런 불법에 가까운 행동에 소비자들은 더 큰 불만이 있었던 것이다.

주택수요자들은 산업혁명 4.0시대를 살고 있는 데 반해 개업공인중개사들은 여전히 구시대의 틀을 벗어나지 못하다 보니 그 틈새가 굉장히 컸다. 수요자와 공급자 간의 간격이 벌어지면 벌어질수록 파괴적 혁신이 존재할 가능성이 커진다. 이 틈새를 찾아서 시장에 진입한 기업형 부동산 중개회사들은 최근의 중개보수 개편에서도 그리 큰 타격을 받지 않는다. 이미 반값 중개보수를 받아오면서 그 보수에 맞춰 회사의 틀을 만들었기 때문이다.

성공 부동산 중개사무소의 모델을 만든 우대빵의 경쟁력을 반값 중개보수라고 오해하는 분들이 많다. 하지만 우대빵의 본질은 가두리 타파와 허위매물 근절을 통해 부동산 중개 시장을 정상화한다는 데 있다. 이를 가능케 하는 기본은 개선된 중개시스템이다. 가계약관리, 정산관리 등 중개 및 협업에 필요한 업무를 하나의 관리자 시스템으로 관리하고, 중개의 전 과정에 필요한 체크리스트를 만들어 중개사고의 리스크를 방지하고 있다는 점이다. 계약부터 잔금까지 이루어지는 체크리스트는 무려 2백 개에 달한다. 우대빵의 본질은 신뢰와 시스템인 것이다.

기존의 개업공인중개사들이 정상적인 영업방식으로 서비스를 개선해 나갔더라면 지금의 우대빵은 존재하기 어려웠을 것이다. 우대빵의 출현은 기존 부동산 중개업에서 고질화된 문제 때문일 것이다.

부동산 가두리를
아십니까?

자본주의 사회에서 모든 사업자들은 싫든, 좋든 경쟁상황에 놓인다. 경쟁은 피곤하기도 하지만 시장을 혁신하고 경제성장을 이끈다는 순기능도 있다. 경쟁을 통해 더 나은 제품과 서비스가 탄생하기 때문이다. 무한경쟁이라는 단어까지 언급될 정도로 시장의 경쟁은 갈수록 치열해지고 있다. 이런 경쟁으로 사업자는 힘들어도 고객은 좋은 제품을 더 저렴하게 얻을 수도 있고, 같은 금액으로 더 좋은 서비스를 누릴 수 있게 된다. 고객의 입장을 생각하면 자본주의 사회에서 경쟁은 당연하며 유익하다.

안타깝게도 부동산 시장을 언급할 때는 경쟁이나 혁신이라는 단어가 잘 언급되지 않는다. 부동산은 고정되어 있는 상품이라는 특성으로 인해 시장 경쟁에서 벗어나 있는 측면이 크다. 지역을 벗어난 어떠한 사업행위도 의미가 없어진다. 부동산과 관련된 벤처기업들이 많이 생겨나고는 있지만, 대부분은 부동산 정보를 가공해서 유통시키는 것만 집중하고 있다. 실제 거래단계를 혁신하고 새로운 가치를 창출하는 벤처 기업들은 찾아보기 어렵다. 한국프롭테크포럼의 자료 〈PropTech List Book, 2020〉에 의하면, 186개 회원사 중 부동산 정보를 제공하는 기업이 다수를 차지하고 있고, 거래와 관련된 기업은 단 8개에 불과했다. 물론 이 중에서도 다수 기업들의 사업영역은 거래보다는 정보 유통에 가까웠다.

움직일 수 없는 상품이라는 특성으로 인해 모든 부동산 거래행위는 지역에서 이루어진다. 지역에 한정된 상품으로 인해 생기는 가장 큰 문제 중 하나는 사업자들이 담합할 가능성이 커진다는 점이다. 처음엔 어느 정도의 경쟁이 존재한다. 하지만 이런 경쟁이 제 살 깎기식이라는 인식이 생기면, 자연스럽게 지역 내 사업자모임이 생기게 된다. 근처에 있으니 이런 요인도 더 커지는 것이다. 특히 새로이 개발이 이루어진 도시에서 이런 경향이 강한데, 부동산 업계에서는 통칭해 '사모임'이라고 표현한다. 부동산 수요자들은 잘 모르지만 이 사모임의 입회비는 상상을 초월한다. 적게는 몇천만 원에서 많게는 1억 원이 넘어가는 수준이다. 엄청난 수준의 입회비는 불법에 가까운 행위도 감수할 수밖에 없게 만든다. 이런 사모임이 주로 하는 일들이 담합해서 중개보수를 높이고, 사모임의 회원들 위주로 지역 부동산 거래가 이루어지도록 만드는 것이다. 중개보수 상한선을 쉽게 이야기하고 호황기로 거래가 활발해도 집값이 박스권에서 움직이는 지역들은 대부분 사모임의 담합행위가 있다는 의심이 드는 곳이다.

　이런 사모임들은 집주인들에게 직접적인 피해를 입힌다. 집주인 입장에서는 몇천만 원, 심지어 몇억 원을 손해 보는 일이지만, 사모임에 속해 있는 개업공인중개사들의 보수에 미치는 영향은 적다. 오히려 아파트 가격을 박스권에서 유지하면 거래도 잘되니 훨씬 이득이 크다. 보통 개업공인중개사들은 아파트 가격을 낮추는 것이 거래에 도움이 된다. 하지만 이것이 이렇게 의도적이고 집단적으로 이루어지면 이야기가 달라진다. 이런 행위를 통칭해 '가두리'라고 한다. 호재가 많은 지역임에도 가격이 잘 오르지 않는 곳은 여러 이유가 있지만 가두리의 영향도 큰 역할을 한다. 현장에서는 이런 부동산 사모임의 영향으로 아파트 매매가격이 30%까지 저평가될 수 있다는 의견도 있다. 가끔씩 이런 사모임에 대항하는 개업공인중개사들이 나타나기도 하지만, 이들의 집요함에 못 이겨 사라지기 일쑤다. 서울 강서구의 우대빵과 인천 청라동의 청집사가 새롭게 이들에게 맞서며 '반값 중개수수료와 두배 서비스'를 내걸고 활동 중인데 현재까지도 사모임들의 엄청난 방해와 맞서는 중이다.

　사모임들은 은밀하게 운영되어 겉으로는 산악회, 조기축구회 등으로 알려져 있다. 집주인들이 그 실체를 눈치채고 항의하면 협동조합 등 선의의 단체로 위장하기도 한다. 하지만 중개보수에서 매매 금액까지 사모임이 개입한다는 점을 유추해보면 담합이라는 의심을 지울 수가 없다. 최근에는 지역별 부동산 SNS 단톡방이 늘어나면서 이들의 행태가 알려져 아파트 단지를 중심으로 비난하는 현수막들이 걸리기도 한다.

사모임을 없애고 부동산 거래 시장을 선진화하기 위해서는 고객(부동산 수요자)들의 깨어 있는 노력이 가장 중요하다. 중개보수는 미리미리 협의하고 집주인들의 자산을 본인의 것처럼 존중하는 개업공인중개사들에게 중개를 의뢰하는 것이다. 악화가 양화를 구축하는 것이 아니라 양화가 악화를 몰아내도록 만들어야 한다. 부동산 거래 시장이 선진화되지 못한다면 금융(대출), 인테리어, 이사 등 관련 산업 또한 어려움을 겪을 수밖에 없다. 부동산 거래 시장의 후진성에 실망한 집주인들은 부동산 중개사무소를 여전히 '복덕방'이라 부른다. 소득 수준 3만 달러 시대에 왜 이런 명칭이 지속되는지 개업공인중개사들은 다시 생각해봐야 할 것이다.

우대빵과 함께하는
성공 부동산 중개사무소 창업

부동산 중개업자는
왜 우대빵을 고소했을까?

이 글은 서울 강서구 지역 개업공인중개사 20~30명이 부동산 중개사무소 우대빵(우동윤 대표)을 형사 고소한 데 대해 당시 이창섭 대표가 카페에 쓴 글을 토대로 다시 작성했다.

서울 강서구 지역 부동산 중개업자 20~30명이 부동산 중개사무소 우대빵을 형사 고소했다. 며칠 동안 신문 지상과 온라인에서 떠들썩했다. 그만큼 우대빵을 믿고 응원해주는 분들이 많다는 증거다. 우대빵을 모르는 분들도 우대빵을 응원해주는 것을 보고 '우리가 가는 길이 잘못되지 않았구나'라는 것을 확인하는 계기가 되기도 했다.

경찰서에서 연락이 오고 바로 정보공개요청을 했다. 그리고 고소장을 확인하고는 깜짝 놀랄 수밖에 없었다.

예상 그대로인 고소장을 보고 실소가 나와서 회의실에서 다들 웃기도 하면서 긴장이 많이 풀렸다.

어떤 법적인 근거로 고소했을까?

1. 공인중개사법 제33조 제2항 제1호(시세교란)

2. 정보통신망 이용촉진 및 정보보호 등에 관한 법률 위반(명예훼손)

이 두 가지 법을 위반했다고 고소했다.

첫 번째, 공인중개사법 제33조 제2항 제1호로 처벌을 받으려면 다음
과 같은 요건이 충족되어야 한다.

1. 시세에 부당한 영향을 줄 목적을 가지고 행위를 해야 한다.

2. 온라인 커뮤니티를 이용해야 한다.

3. 특정 개업공인중개사 등에 대한 중개의뢰를 제한하거나 제한을
   유도하는 행위를 해야 한다.

이 세 가지 요건에 모두 해당해야 처벌을 받는다. 그러나 우대빵은
시세에 부당한 영향을 줄 목적도 없었고, 개업공인중개사를 '특정'해서
중개의뢰를 제한하지도 않았다. 우대빵은 경제논리에 따라 집값이 결
정되어야 한다고 지속적으로 주장하고 있다. 시세에 부당한 목적을 가
지고 있는 사람이 왜 경제논리를 주장할까?

또한, 그동안 사모임 두 군데를 이니셜로 표현했는데 이게 특정이 된
것인가? 이것을 법정에서 특정이 되었다고 말한다면 그 뒤에 있을 그
들의 법적 책임이 훨씬 클 것으로 보인다. 이런 허술한 증거나 주장이

아닌 이 사모임에 대한 명확한 증거들을 우대빵은 가지고 있기 때문이다. 우대빵이 한 것은 앞의 세 가지 조건 중 '온라인 커뮤니티를 이용해야 한다'밖에는 없다.

두 번째, 명예훼손 역시 말이 안 된다. 특정되지 않은 단체이고, 이미 여러 곳에 이런 단체는 없다고 말하고 있는 사람들이 명예훼손을 주장하는 것은 명백한 모순이다. 이 주장을 하려면 그 단체는 실존하고, 그 구성원은 누구인지를 밝혀야 한다.

왜 인근 부동산 중개사무소 소장들이 우대빵을 고소했을까? 이 글을 쓰는 가장 큰 목적이다. 처음에 경찰로부터 고소 소식을 들었을 때 이 부분이 가장 궁금했다. 부동산 가격을 잡으려는 정부도 아니고, 구청도 아닌 왜 부동산 중개업자가 고소했을까?

천만 번 양보해서 우대빵이 시세를 올렸다고 가정해보자. 그런 죄를 지었으면 국토교통부나 구청이 하거나, 아니면 아직 집을 매수하지 못한 일반 시민들이 고소해야 맞다. 그런데 왜 부동산 중개업자 20~30명이 고소를 했을까?

아직도 수십 개의 부동산 중개사무소가 합심하면 가격을 마음대로 조정할 수 있다고 생각하나 보다. 그러니까 우대빵도 시세를 조정할 수 있다는 오판을 마음대로 할 수 있었을 것이다. 집값이 올라간 것은 강서구 아파트가 그만한 가치가 있어서 올라간 것이다. 우대빵이 중개사법 제33조 제2항의 시세교란행위를 해서 올라간 것이 아니다. 우대빵이 강서구 아파트가 그만한 가치가 있다는 것을 더 많이, 잘 알린 것이

죄라고 할 수 있을까?

진짜 우대빵이 죄를 지었다고 생각해서 고소했을까? 상기의 법적 근거 분석에서도 언급한 것처럼 두 가지 법 모두 적용되기가 굉장히 어렵다. 고소의 성공률이 많이 낮다는 것을 그들도 알고 있을 거다. 대리인이 변호사이니 충분히 알고 있을 것이다. 그렇다면 그들은 왜 우대빵을 고소했을까?

화가 났다는 것을 알리고 싶었을까? 이미 우대빵에게 화가 났다는 것은 많은 채널을 통해 알려왔다. 매수인, 매도인, 인터넷카페 등을 통해 충분히 알고 있다. 이 글을 보시는 많은 분들도 그것은 알고 있을 거다.

어차피 더는 알릴 것이 없다. 글만 쓰면 부동산 스터디 카페에서 댓글로 비하하고 욕을 대놓고 하는 사람들이다. 왜 굳이 실익이 별로 없어 보이는 소송을 돈을 들여서 하는 것일까?

아마 이 소송을 기반으로 집주인들에게 본인들이 화났다고 알리고, 우대빵에게 준 매물을 거두지 않으면 그다음 행보를 하겠다는 의미로 해석된다. 그다음 행보는 무엇일까? 관련 법 제33조 제2항의 집값 담합으로 집주인들을 고소할 수 있다는 것이다.

실질적인 경고의 대상은 집주인들이다. 우대빵의 힘이 어디서 나오는지를 잘 알고 한 행동이라고 생각된다. 집주인들이 우대빵을 믿고 일을 계속 맡기는 한 우대빵의 힘은 빠지지 않을 것이라는 것을 잘 알고 있는 거다.

고소장을 보면 누가 봐도 그 화살이 우대빵이 아닌 집주인에게 향해

우대빵과 함께하는
성공 부동산 중개사무소 창업

있다는 것을 알 수 있다. 중개사법의 51개 조문들은 중개사의 과실이나 잘못된 중개를 관리하고 처벌하는 규정들로 이루어져 있는데, 유일하게 중개법 제33조 제2항만 중개사가 아닌 집주인 등 일반인을 처벌하는 규정이다. 우리가 만약 우대빵을 타깃으로 했다면 중개사법의 다른 규정들을 적용해서 고소를 했을 거다. 그게 확실하니까(근데 아마 찾지 못했을 거다).

근데 법 제정 취지 자체가 집주인의 집값 담합을 규제하겠다는 목적을 가진 규정으로 우대빵을 고소했다. 우대빵이 강서구 여기저기에 집을 수십 채 가지고 있다면 그 고소는 맞는 고소다. 하지만 그렇지 않은 건 주지의 사실이다.

그들의 이번 고소의 칼 끝이 어디를 향해 있는지는 명확하다. 이것은 우대빵을 믿고 집을 맡겨준 집주인에 대한 선전포고다. "집주인들도 언제든지 집값 담합으로 고소할 수 있어!"라는 경고를 하고 있는 것이다.

그게 아니라면 중개업자 처벌 목적으로 이렇게 입증이 어려운 법 조문을 근거로 고소할 필요가 없을 테니까. 우대빵이 클 수 있었던 원인인 집주인을 제거하지 않으면 우대빵의 성장을 막을 수 없다고 생각한 것이다. 그들의 전략은 칭찬한다. 전쟁이라고 가정하면 올바른 공격이었다.

하지만 그들이 적으로 삼아 선전포고한 집주인들은 그들 입장에서는 적이 아니다. 고객이다. 그들은 이를 간과한 것이고 몇 달 뒤, 또는 그보다 더 빠른 시일 내에 그들의 행동을 후회하게 될 것이다.

그들은 제2, 제3의 우대빵이 나오는 것이 무서울 거다. 그래서 우대빵처럼 중개보수를 깎아주는 튀는 행동을 하면 형사 고소해서 괴롭힐 것이다. '무섭지? 그러니까 우대빵처럼 할 생각하지 마'라는 경고도 포함되어 있다고 보인다. 결과적으로 그들의 궁극적 타깃은 집주인과 제2의 우대빵이다.

누가 고소했을까? 아쉽게도 우리가 열람한 고소장에는 고소인들이 가려져 있다. 경찰에게 듣기로는 강서구 부동산 중개업자 20~30명이 고소했다고 한다. 굳이 구체적으로 알려고 하지 않아도 여러분들이 생각하는 그들일 것이다.

중개보수 경쟁,
주택수요자들은 무엇을 원할까?

국토교통부는 국민권익위원회의 권고 방안을 토대로 중개보수 개편안을 다음과 같이 확정했다. 고가 주택의 경우 9~12억 원, 12~15억원, 15억 원 이상으로 세분화해 각각 0.5%, 0.6%, 0.7%로 중개보수 상한요율을 낮췄다. 당초 고가주택 기준을 상향하는 데 부담이 컸으나 여당이 종부세를 상위 2% 주택에만 적용하기로 해 기준 변경에 대한 부담이 크지 않을 것이란 분석도 있다.

이렇든, 저렇든 중개보수에 대한 논란은 끊이지 않는다. 정률제를 적용하는 우리의 경우 집값이 급격히 오르면서 중개보수 또한 많아졌기 때문이다. 사실 공인중개사들도 잘못한 것이 없다. 가장 큰 책임은 집값을 안정시키지 못한 정부에 있을 것이다. 집값은 이미 엄청나게 올랐는데 거래를 막는 정책을 내놓고 있으니 개업공인중개사들이 반발하는 건 당연하다. 주택수요자들의 부담이 늘어나면서 이 점을 마케팅에 활용하는 회사들도 많이 생겨나고 있다. 중개보수를 여타 개업공인중개사들보다 획기적으로 낮춰주는 회사들이다. 우대빵 부동산 중개법인이 대표적인데 '반값 중개 수수료'란 슬로건으로 시장을 급속히 확장하는 중이다.

　최근에는 매도자(집주인)에게 중개수수료를 받지 않겠다는 업체들까지 생겨나는 중이다. 이는 집주인을 통한 매물확보가 갈수록 어려워지고 허위매물 문제가 법적 처벌을 받게 되면서 생겨난 틈새시장이라고 볼 수 있다. 이런 틈새시장이 이제는 대세가 되어가는 모양새다. "우대빵에서는 반값만 받는데 당신들은 왜 보수가 이렇게 높으냐?"라고 언급하는 순간, 예전에 받던 보수는 과거의 일이 되어버린다. 소비자들의 편익이 증가하는 일이므로 주택수요자들 입장에서는 일견 반가운 현상으로 여겨진다.

　하지만 안타까운 점은 중개보수를 마케팅의 주요 수단으로 활용하는 개업공인중개사들의 생각이다. 이들은 주택수요자들이 생각하는 불만을 제대로 이해하지 못하는 것 같다. 주택수요자들은 중개보수보다는 본인들이 받는 중개서비스에 대한 불만이 크다. 10년 전과 비교해 중개서비스는 달라진 것이 없다. 게다가 가두리, 시세 개입 등 불법을 자행하는 개업공인중개사들로 인해 누가 고객인지 헷갈릴 정도의 불편함이 중개보수 불만족으로 이어진 것이다. 요즘 젊은 분들이 즐겨 사용하는 가격대비 성능이라는 '가성비'라는 말도 수요자가 지급한 가격(중개보수)에 비해 제품이나 서비스(중개)의 질이 얼마만큼의 만족(효용)을 주는지로 나타난다. 특히나 전 재산에 해당할 수도 있는 주택을 거래하는데 가성비를 따지는 건 당연하다.

가성비를 주택 시장에 적용하면 주택수요자들은 현재 지급하는 중개보수의 수준이 개업공인중개사들이 제공하는 서비스에 비해 터무니없이 높다고 생각한다는 의미다. 중개서비스를 개선할 생각은 하지 않고 마케팅에 도움이 된다는 생각에 중개보수를 획기적으로 낮추는 것 또한 빛 좋은 개살구나 다름없다. 높지 않은 가성비는 여전하다.

중개보수를 획기적으로 낮춰 영업하는 업체들 중 고객을 위한 거래 시스템을 잘 확보하고 있는 곳은 거의 없다. 대부분 개인회사 수준에 그치는 이들은 중개 경력 또한 일천하다. 따라서 중개보수에 집착하는 것은 고객을 확보하기 위한 단순 마케팅에 그치는 것이 아닌가 우려된다. 이들의 행위를 경영학적인 관점에서 해석하면 하버드대학의 클레이튼 크리스텐슨(Clayton Christensen) 교수가 창시한 파괴적 혁신(Disruptive Innovation)에 해당한다. 단순하고 저렴한 제품이나 서비스로 시장의 밑바닥을 공략하는 방법이다. 하지만 파괴적 혁신 기업들의 지향점(제품성능 궤적)은 제품의 성능을 개선하면서 시장의 상부(높은 수익성)로 이동해 기존 기업의 우위에 도전하는 거다. 과연 중개보수에 집착하는 개업공인중개사들이 고객을 최우선으로 하고, 장기적인 시각으로 중개 시장을 개선하려는 의지가 있는지조차 의문이다.

주택수요자들이 느끼는 불편 사항은 궁극적으로는 중개서비스다. 중개보수도 문제이지만 주택을 거래한 분들이 느끼는 또 다른 불편 사항은 단편적인 서비스 제공이다. 정부가 만들어놓은 복잡한 규제로 인해 주택 거래에 있어 세금, 대출, 법률 등의 서비스는 필수적이 됐다. 이사, 인테리어 등 부가 서비스도 필요할 거다. 그럼에도 이를 내부에서 제공하는 개업공인중개사는 거의 없다. 주택수요자들은 주택을 한 채 거래하더라도 도대체 몇 개의 회사를 거쳐야 하는지 몰라 난감할 따름이다. 부동산 중개 시장을 선진화하기 위해 종합 부동산 서비스 회사를 만들겠다는 국토교통부의 계획은 공염불에 그치고 있는 실정이다.

개업공인중개사들이 중개보수로만 경쟁하는 것은 일견 타당한듯이 보이지만 궁극적으로는 주택수요자들의 선택을 받기는 어려울 것이다. 주택수요자들이 원하는 것은 중개사도 없이 빠른 시간 내에 다양한 전문 서비스를 한곳에서 제공받는 거다. 10억 원, 20억 원에 달하는 본인들의 집 중개보수를 할인해준다고 맡길 집주인들은 거의 없을 가능성이 크다. 중개보수 경쟁이 또 하나의 유행으로 끝나는 건 아닌지 걱정이 앞선다.

중개 시장의 변화 속,
최고의 인재들이 우대빵에 모였다

우대빵 부동산 연구소장으로 일한 지도 1년이 훌쩍 넘었다. 은퇴를 앞둔 나이에 가슴 뛰는 일을 한다는 것은 흥분되기도 하고 보람도 있다. 아직 연구소장 경력은 얼마 지나지 않았지만, 나이가 들면 비합리적인 것에 더 애착이 간다. 우대빵의 임원진들과 함께 일을 하게 된 것은 인연이라는 말 이외에는 적당한 말을 찾기 쉽지 않다. 실제 우대빵의 설립자인 우동윤 대표는 내 옆집 사는 아저씨다. 같은 아파트 단지도 아니고 바로 옆집이다.

같은 층에 살기에 인사는 하고 지내는 사이였다. 그런데 어느 날 엘리베이터에서 만났는데 공인중개사 시험 관련 교재를 들고 있었다. 지방대학에서 학생들을 대상으로 부동산을 가르치는 입장에서 개업공인중개사분들의 어려움을 잘 알기에 걱정이 앞섰다. 이후 합격했다는 소식을 전해 듣고 축하해주었는데 어느새 개업을 했다는 것을 알게 되었다. 각종 SNS에서 들려오는 부동산 중개사무소 우대빵에 대한 소식은 우려와 기대를 낳기에 충분했다. 부동산 업계에 종사하는 분들께는 널리 알려진 사실이지만, 중개 시장에서의 사모임들은 골칫거리다. 이런 사모임과의 정면승부를 걸고 있는 이 외로운 투사에게 나도 힘을 보태고 싶다는 생각이 든 건 그때였다. 왜냐하면 우대빵은 고객을 우선으로 하기 때문이다.

대부분의 사회 생활을 지식서비스 분야에서 일해온 나로서는 어떤 도움을 줄 수 있을 것인지가 명확하지 않았다. 환갑을 바라보는 나이에 공인중개사 영업을 같이할 수도 없고, 매물접수와 임장을 함께 다니기에도 경험이 일천했다. 그때 복덕킹이라는 벤처기업과 함께한다는 소식을 전해 들었다. 부동산114에 근무한 경험이 있는 나로서는 무언가 큰 그림을 그릴 수 있다는 생각이 들었다. 우대빵 사무소에 들러 함께하자고 먼저 이야기를 꺼낸 것은 나였다.

우대빵은 기존의 사모임들과 치열한 혈투를 벌이고 있다. 혈투라고 표현하면 불편한 분들도 계시겠지만 영업의 현장에서는 먹느냐, 먹히느냐만 있지 중간이란 없다. 집주인 인증을 100% 하고 허위매물을 없애려고 노력하는 그들에게 자그마한 힘이라도 보태고 싶었다. 나 또한 사악한 개업공인중개사를 만나 가두리를 당한 경험을 가지고 있기 때문이다. 부동산 전문가라고 일컬어지는 나도 그랬는데, 부동산을 처음 거래하는 고객들은 오죽하겠는가?

빅데이터와 AI가 비즈니스 현장에 활발히 적용되고 있지만 안타깝게도 부동산 거래 시장에는 이런 이야기를 듣기 어렵다. 아니, 경쟁이니 혁신이니 하는 단어조차 잘 언급되지 않는다. 특히 부동산은 고정되어 있는 상품이라 시장 경쟁과 혁신에서 비켜나 있는 측면이 크다. 거래를 위한 활동이 대부분 지역에서 이루어지다 보니 지역을 벗어난 어떠한 사업행위도 의미가 없어진다. 지역의 사모임이 담합하고 똘똘 뭉칠 수 있는 이유다. 부동산 관련 벤처들이 많이 생기고는 있지만, 대부분은 부동산 정보를 가공해서 유통시키는 것에만 집중되어 있다. 실제 거래단계를 혁신시키고 새로운 가치를 창출하는 벤처기업을 찾기는 쉽지 않다.

우대빵 부동산 중개사무소가 얼마만큼 우리 부동산 거래 시장을 혁신시킬 수 있을지는 알 수 없다. 어렵고 지난한 일을 시작하는 것은 아닌지 걱정되기도 한다. 하지만 누군가는 해야 하고 비즈니스에서 헷갈릴 때는 고객만 바라보고 가라는 격언처럼 한 걸음 한 걸음 나아가고 싶다. 그동안 학교에 있으면서 사회의 혜택을 많이 받았다고 생각한다. 돈을 많이 벌지는 못했지만 여유 있게 살아왔고 그 여유만큼 많은 경험과 생각을 하게 됐다. 내 마지막 노력과 힘을 보태기에는 우대빵 부동산 중개사무소가 가진 의미가 오히려 크다.

우대빵 부동산 중개법인의 베테랑 조용석 대표, 우대빵 부동산의 설립자인 우동윤 대표, 지주회사를 책임지고 있는 든든한 이창섭 대표, 묵묵히 본인의 업무를 잘 수행하고 있는 김동남 박사 등 부동산114 이후 최고의 팀을 만난 나는 행운아다.

규제가 시장을 이긴 사례는 단 한 번도 없다. 부동산 시장의 프레임에 따라 서울 아파트 시장은 상승의 하반기를 향해 달려가는 중이다. 거래가 가능한 아파트를 없애버려 공급을 수요보다 더 줄여버린 현재의 부동산 정책은 가격상승을 막을 가능성이 없다. 서울 아파트는 요새가 되어 이제는 아무나 살 수도 없는 트로피로 변해가는 중이다.

우대빵이 이때 시장에 진출할 수 있게 된 것은 행운이다. 부동산 시장이 하락하는 시기에 사업을 시작했다면 현재보다도 더 힘들게 꾸려갈 수밖에 없었을 것이다. 아파트 거래는 많이 줄었지만, 가격 상승의 시기는 길어질 것이란 느낌을 강하게 받는다. 사업을 하면서 느끼는 거지만 사업에서 운이란 정말 중요하다. 가장 큰 운은 사람이다. 안 그래도 능력 있는 임원진들이 본인들이 보유한 능력의 최고점에서 만났으니 회사가 잘될 수밖에 없다.

우대빵과 함께하는
성공 부동산 중개사무소 창업

공인중개사도
프롭테크화 시대

공인중개사도
프롭테크형 인재가 되어야 한다

취업난이 장기화되고 주택가격이 많이 오르면서 공인중개사 시험 응시 인원이 매년 30만 명이 넘는 것으로 나타났다. 한국공인중개사협회가 공인중개사와 중개보조원 등 업계 종사자들을 추산한 인원은 100만 명에 이른다.

현재와 같은 시험제도가 유지된다면 향후 공인중개사와 업계 종사자는 더욱 늘어날 것이다. 주택가격 상승과 함께 중개보수도 더 오르면서 과거보다 거래가 줄어들어도 수익은 상승할 것이기 때문이다. 투자 비용도 매력적이다. 여타 업종에 비하면 사무소를 얻고 집기류만 구비하면 개업에 큰 문제가 없다. 괜히 인테리어를 화려하게 많이 한 곳은 기획 부동산 회사 느낌도 나니 오히려 깔끔한 것이 낫다.

4차 산업혁명이 지배하는 시대에는 프롭테크형(부동산+기술) 인재가 필요하다. 정보기술 등 전문지식을 겸비하고 중개서비스 시장에 진출하는 것이 필수적이다. 프롭테크 기술이 없다면 과거와 유사한 방식으로 중개를 할 수밖에 없다.

과거의 중개영업 방법과 기술은 이제 대부분 구시대 유물이 됐다. 아파트 단지 앞에 목 좋은 곳에 자리를 잡고 로드손님(Road Customer)을 받는 방식으로는 더는 어렵다. 로드손님 자체도 이제 찾아보기 힘들다. 이미 온라인이나 모바일로 모든 것이 다 이루어지는데 굳이 오프라인 점포를 방문할 이유가 있겠는가?

아파트 단지에서 만나 임장을 하고 계약이 진행되면 그제야 중개사무소를 방문하는 경우가 대부분이다. 우대빵 부동산 중개법인의 가맹점들이 대부분 2층에 있는 이유는 꼭 목 좋은 1층에 자리를 잡지 않아도 되기 때문이다. 오히려 1층은 비용만 많이 부담하게 되어 경기가 좋지 않을 때 견디기 힘들게 된다.

과거 친목회를 통해 손님을 공유하는 방식은 이제 불법이 됐다. 2020년 6월 신설된 공인중개사법 제18조 2에 의하면 존재하지 않는 매물이나 가격을 거짓으로 표시, 광고하는 경우 허위매물에 바로 저촉된다. 집주인이 매도를 의뢰하지 않았는데도 공인중개사가 임의로 해당 매물을 포털사이트에 광고했다면 허위광고가 될 수 있다. 또한 다른 중개사의 매물을 함부로 광고하는 것도 불법이다.

최근 대형 포털사이트 또한 허위매물 근절을 위해 매물 등록 시 집주인 정보 등록을 강화하는 내용을 발표했다. 매물 등록 시 전달받은 개인정보를 통해 집주인에게 사이트에 등록된 내용을 전달해 매물정보가 정확한지 파악하도록 한다는 것이다. 이렇듯 과거의 영업방식은 갈수록 설 자리를 잃고 있다.

따라서 앞으로는 프롭테크로 대체되어야 한다. 부동산에 기술이 접목된 사업방식을 프롭테크라고 이야기하는데 대부분 영업이나 마케팅에서만 이를 활용한다. 이제 공인중개사들에게 블로그는 필수이고, 유튜브는 기본이 됐다. 실제로 이렇게 SNS를 열심히 하는 개업공인중개사분들이 수입도 많은 것으로 나타났다. 하지만 프롭테크가 영업과 마케팅에만 있을까?

프롭테크를 도입해서 혁신을 이루어야 하는 부문은 중개프로세스다. 고객(매물)접수, 고객관리, 현장방문, 가계약, 본계약, 중도금, 잔금, 정산관리, 사후관리 등 중개행위는 다양한 절차로 이루어져 있다. 대부분은 무의식적으로 이런 다양한 절차들을 진행하지만 하나하나 뜯어 놓고 보면 정말 중요한 일들이다. 이 과정이 무의식적으로 별다른 주의 없이 지나가면 아무리 영업에 프롭테크를 도입했다고 해도 큰 의미는 없다.

나아가 내 집 마련에 필수적인 세무, 대출 관련 서비스까지 패키지로 제공하는 것이 필수다. 개인 공인중개사가 하기 쉽지 않은 일이다. 이것이 바로 기업형 중개서비스가 도입되고 있는 이유다.

공인중개사 시험
합격이 시작이다

시대가 바뀌고 있다. 너무 빠른 속도로 세상이 변화하고 있다. LTE 시대를 넘어 5G시대다. 하지만 유독 변하지 않는 한 분야가 있다. 바로 '부동산 중개업'이다.

우리는 지금껏 공인중개사 자격증만 따면 쉽게 부동산 중개사무소를 개업할 수 있고, 남들보다 훨씬 편하게 한 번 거래로 남들 월급 이상, 연봉까지도 벌 수 있다고 생각해왔다. 뉴스 기사나 주위에 부동산에 관심이 많은 선후배 등에게 이렇게 들었을 것이다. 하지만 천만의 말씀이다.

"부동산 중개 시장은 전쟁터고, 정글의 세계다!"

공인중개사 자격증 시험에 합격한 여러분들께 우선 진심으로 축하의 말을 전한다. 정말 어려운 시험을 통과하셨다. 11월까지는 마음껏 합격의 기쁨을 누리고 즐기고 쉬길 바란다. 그리고 12월부터 부동산 중개업에 뛰어드실 생각이 있으시다면 어금니를 꽉 깨무시라! 여기는 놀이터가 아니다. '여기는 전쟁터고 정글의 세계'다. 아무도 여러분들을 챙겨주거나 여러분들에게 먼저 매물을 쉽게 의뢰해주지 않는다. 이것이 현실이다.

하지만 너무 좌절하거나 미리 포기할 필요도 없다. 왜냐하면 여기서 우뚝 설 수 있는 자신만의 무기와 노하우를 개발하면 생각보다 큰 수익과 삶의 만족도를 높일 수도 있다. 이제 그 노하우 두 개를 전수해드리겠다. 아파트 중개업을 대상으로 설명해드리겠다.

중개사무소 선정과 창업의 노하우!

처음으로 개업을 생각하는 여러분들에게 질문을 드리겠다. '어떻게 매물을 확보할 것인가?' 보통은 이 질문에 이렇게 쉽게 답할 것이다. 자기가 살고 있는 곳 근처나 자기가 잘 알고 있는 곳 또는 대단지 아파트 단지를 떠올릴 것이다. 그리고 '개업하면 동네 주민분들이 오가며 매물을 맡겨 주시겠지'라는 순진하고 막연한 기대를 하고 있을 것이다. 부

우대빵과 함께하는
성공 부동산 중개사무소 창업

동산 중개업을 좀 아는 분들은 그 지역 부동산 연합회 또는 사모임들에게 몇천만 원에서 억 원대의 권리금을 주고 고객 매물 정보와 연락처를 받아서 쉽게 영업할 수 있을 것이라는 이야기를 믿고 있는 분들도 있을 것이다.

하지만 그건 다 옛말이다. 이제 몇천만 원에서 억 원대의 권리금을 주고 고객 전화번호와 매물 정보를 구입하는 건 그냥 속된 말로 돈으로 땜빵한다는 거다. 작년까지는 이 방법이 통했을지 모르지만 올해부터는 그렇게 고객들의 연락처와 매물 정보를 권리금 주고 사봐야 별 쓸모가 없을 것이다. 왜냐하면 고객들에게 좋은 서비스와 좋은 정보, 신뢰, 만족스러운 중개수수료를 미리 제공해주지 못하는 부동산 중개사무소는 점점 설 자리를 잃고 있기 때문이다. 즉, 예전에는 고객 전화번호만 알면 누구든 고객의 허락 없이도 광고해서 손님을 붙일 수 있었다. 하지만 지금은 공인중개사법이 바뀌어서 집주인에게 직접 의뢰를 받지 않으면 허위매물로 신고를 당할 수 있고, 큰 처벌을 받게 된다.

이렇게 세상이 빠르게 변하고 있다. 공인중개사들도 변해야 한다. 하지만 기존에 개업해서 영업하는 분들은 변화를 거부한다. 왜냐하면 지역 연합회나 사모임을 조직해서 막강한 영향력을 휘두르고 자기들 연합회에 소속되지 않은 비회원 부동산 중개사무소들과는 철저히 공동중개를 거부해서 철 밥통을 십여 년 이상 유지하고 있기 때문이다. 바로 담합인 것이다.

새로 공인중개사 자격증을 취득하고 부동산 개업을 생각하는 합격자 여러분들은 부디 기존의 낡은 중개영업방식에 스스로 몇천만 원에서 억 원대의 권리금을 주고 발을 담그지 마시라고 충고하고 싶다. 그 권리금 비용으로 블로그나 유튜브 등으로 자신을 홍보할 수 있는 교육에 투자하라. 그리고 새로운 부동산 중개문화를 만들기 시작하는 선구자들의 길을 보고 배우고 그들과 함께할 수 있게 노력하라! 부동산 중개업 트렌드가 바뀌고 있고 중개문화가 바뀌고 있다.

새로운 중개문화를 받아들이고 새로운 중개영업방식을 보고 배운다면 여러분들은 1층 목 좋은 사거리에 비싼 권리금과 임대료를 지불하지 않고도 그 지역 최고의 부동산 중개사무소가 될 수 있을 것이다!

그 예가 바로 서울 강서구에 있다. 여러분들은 변화를 거부하고 시대에 뒤처지는 부동산 중개업을 비싼 권리금 주고 시작할 것인가? 아니면 시대의 변화를 받아들이고 새로운 부동산 중개문화의 선두에 서겠는가? 그 선택은 여러분들의 판단에 달렸다! 합격을 축하드린다.

부동산 중개는
부동산 컨설팅이어야 한다

　우대빵 가맹점들의 위치는 대부분 2층이다. 이를 두고 의아해하는 분들이 많다. 가맹점 상담을 해보면 중개사무소 위치에 대한 고민이 제일 크다. 가장 중요한 고민은 어느 지역에 창업을 할 것인지다. 다음 고민은 목 좋은 곳을 잡으려는 고민이다. 하지만 로드손님도 없는데 목좋고 비싼 곳에 창업을 하는 것이 무슨 의미가 있을까?

　중개사무소를 방문하는 목적을 생각하면 노출이 잘되고 접근성이 좋은 빌딩의 2층도 무방하다. 좁은 1층 사무소보다는 비교적 넓게 구획된 2층 사무소가 더 좋다. 왜냐하면 최근 고객들이 중개사무소를 방문하는 경우는 계약서를 쓸 때 또는 상담할 때다. 계약서를 쓸 때는 매도자와 매수자 측이 모두 방문하고 심지어 대출 관련 직원이나 법무사무소에서도 오니 조금 넓은 곳이 불편하지 않다. 상담할 때도 공간이 넉넉해서 프라이버시가 보장되는 경우가 좋다. 계약과 상담을 제외한 나머지 부동산 관련 업무들은 모두 온라인이나 중개사무소 밖에서도 가능하다.

MZ세대라고 불리는 30대들이 본격적으로 아파트 시장의 매입주체로 부각되면서 중개사무소의 역할 또한 달라지는 중이다. 과거 지역의 사랑방(복덕방) 역할을 하던 공간에서 목적성 공간으로 변하고 있다. 그 목적 중 계약을 제외하면 가장 큰 부분은 상담(Counseling)이다.

고객상담은 개업공인중개사의 가장 중요한 업무로 바뀌는 중이다. MZ세대들은 대부분 구입하려는 아파트에 대해 잘 알고 방문한다. 이미 온라인상에서 다양한 채널들을 통해 많은 정보를 확보하고 있다. 이들이 궁금해하는 점은 단지 현재 자기의 판단이 올바른지를 알아보고 싶을 뿐이다. 상담이란 상담자(相談者)가 도움이 필요로 하는 사람에게 전문적 지식과 기능을 가지고 내담자(來談者) 자신과 환경에 대한 이해를 증진시키는 것이다. 합리적이고 현실적인 행동양식을 증진시키거나 의사결정을 내릴 수 있도록 원조하는 활동을 말한다.

상담의 큰 특징 중 하나는 내담자가 이미 모든 정보를 가지고 있다는 점이다. 상담자의 역할은 내담자가 올바른 의사결정을 내릴 수 있도록 도움을 주는 것이다. 현재 부동산 시장의 매수자나 매도자에게 꼭 필요한 역할이다. 매수자는 현재 이 아파트를 사는 것이 좋은지, 매도자는 지금이 내가 보유한 아파트를 파는 가장 좋을 때인지 등에 대한 해답을 얻으려 오는 것이다. 이렇게 부동산 거래 참가자들에게 좋은 조언을 할 수 있다면 매출 또한 늘어날 것이다.

상담은 컨설팅과 같은 의미로 쓰인다. 따라서 기존의 부동산 중개는 부동산 컨설팅이 되어야 한다. 중개와 컨설팅의 가장 큰 차이는 '중개' 는 보이는 매물을 사려는 의도를 가지고 방문한 사람에게 파는 것인 데 반해 '컨설팅'이란 보이지 않는 지식을 거래하려는 의도가 없는 사람에 게 파는 것이다. 당연히 중개에 비해 컨설팅이 어렵다.

부동산 중개와 컨설팅 비교

구분	부동산 중개	부동산 컨설팅
대상	보이는 상품	무형의 상품
보수	명확한 보수 체계	관행적 보수 체계
고객	목적 지향 고객	찾아가는 서비스

하지만 어렵다고 해서 중개에서 컨설팅으로 바뀌는 현재의 부동산 시장을 외면할 수는 없다. 방문한 고객들에게 정보를 주려고 하면 그 고객은 떠나갈 가능성이 크다. 고객들은 이미 많은 정보를 가지고 중 개사무소를 방문한다. 고객들의 정보를 확인해주고 최신화시켜주면 된 다. 필요하면 현장의 다른 이야기도 들려주면 된다. 고객들의 이야기에 앞서 본인의 지식을 잘못 늘어놓으면 고객들은 떠나갈 것이다. 한번 떠 난 고객은 다시 돌아오지 않는다. 중개사무소들의 경쟁은 갈수록 치열 하기 때문이다.

부동산 컨설턴트로
변신하라

개업공인중개사는 부동산을 거래하는 사람이 아니라 고객의 선택에 도움을 주는 컨설턴트다. 부동산 중개가 컨설팅으로 바뀌는 가장 큰 원인은 중개 시장의 중심이 매물에서 고객으로 바뀌고 있기 때문이다. 우대빵이 가장 큰 강점으로 내세우고 있는 매물이 중요하지 않다고 하면 이상하게 들릴 것이다. 하지만 매물은 곧 고객한테서 나오는 것으로 고객 중심의 중개 시장을 의미한다.

그동안 부동산 중개 시장은 철저히 공인중개사 중심의 시장이었다. 아파트 단지 내 상가에 있으면 집주인들이 찾아와서 매물을 내놓고 빨리 또는 제값을 받아 달라고 사정을 한다. 물론 일반중개계약이 대부분인 우리나라의 경우에는 다른 중개사무소에도 매물을 내놓는다. 하지만 사모임(카르텔)이 구성된 지역 중개사무소는 상호 간에 경쟁의 관계가 아니다. 하나의 물건도 돌려가면서 매수자를 찾는다. 따라서 지역 중개사무소에 밉보인 집주인들은 자기 매물임에도 곤욕을 치르는 경우가 잦다.

이제는 허위매물이라는 법이 생겨 이런 중개사무소의 영업방식이 통하기가 어렵다. 포탈사이트마저 집주인들에게 진성매물인지를 확인하는 절차를 거친다고 하니 과거의 영업방식이 설 자리는 계속 줄어들 것이다. 공인중개사 자격증이 도입되고 나서 30년이 더 지나서야 고객이라는 개념이 생기게 됐다. 이제는 고객에게 잘 보이지 않으면 매물을 확보하기 어렵고, 고객 위주의 경영방식을 구사하는 중개사무소만이 살아남을 것으로 보인다.

네이버 부동산 집주인 확인 의무화

구분	관리강화 방침
개요	네이버가 매물 등록 시 집주인들에게 매물등록 현황을 알리고 정보제공 동의 여부를 물을 수 있도록 시스템을 강화
세부방법	1. 중개를 맡은 공인중개사가 네이버에 매물을 등록하면, 이 정보가 자동으로 집주인에게 전송된다. 2. 집주인은 네이버 포털에 올라온 매물 등록 여부와 가격 및 기타 정보 등을 확인할 수 있다. 단, 아이디가 없거나 알림을 통한 안내를 원하지 않는 경우, 문자 메시지를 통해 정보를 제공받을 수 있다. – 정보제공을 위해 수집된 아이디나 전화번호 등 집주인의 개인정보는 매물 안내에만 쓰이며 네이버만 관리할 수 있다. 즉, 매물 정보와 함께 공개되는 것은 아니다.

이렇게 고객 위주의 중개 시장에서 공인중개사들은 부동산 컨설턴트가 되어야 한다. 즉, △전문지식을 가지고 △객관적으로 △상품의 형태로 △일시적으로 △자문해주는 사람이 되어야 한다. 컨설턴트는 전문

지식으로 무장해야 한다. 전문지식은 두 가지로 구분된다. 역량과 분야 지식인데, 역량은 기획 역량, 프리젠테이션 역량, 문서화 역량 등 사업 이라는 전쟁에 나가기 위한 창과 방패의 역할을 한다. 분야지식은 부동산 분야의 전문지식을 말한다. 지역 시장에 대한 이해를 바탕으로 단지별 상품에 대한 풍부한 지식이 뒷받침되어야 한다. 특히 온라인상에서 알기 힘든 정보에 대한 장악력이 필요하다.

강남에서 가까운 지역임에도 가격이 잘 오르지 않는 지역이 있는데 나중에 알고 보니 일시적 2주택자가 아닌 그냥 2주택자가 많았다. 대부분 거주하지 않고 전세를 주고 있어 지역에 대한 애착이나 가격에 예민하지 않은 것이다. 이런 정보는 실제로 현장에서 중개업을 하지 않는 한 확보하기 어려운 정보다. 이런 정보를 가지고 방문하는 고객분들께 시장 상황을 잘 브리핑해서 선택에 도움을 줘야 한다.

어떤 고객이 방문하더라도 전문자격사의 윤리의식을 가지고 객관적으로 자문해줘야 한다. 고객에 따라서 다른 이야기를 해서도 안 되며 보기 싫은 고객이라도 도움이 되는 정보를 제공하는 것이 필수다. 컨설턴트지만 공인중개사는 보수(수수료)를 받을 수 있다. 따라서 상품의 형태로 제공하는 것은 일견 큰 문제가 없어 보인다. 하지만 중개보수를 벗어나는 고객들의 요구가 있을 때는 필요하면 추가보수(컨설팅수수료)를 요구할 수 있어야 한다. 뭐 그 정도를 서비스로 해주지 돈을 받느냐고 생각한다면 당신은 죽어도 전문가가 될 수 없다. 최근의 고객들 또한 돈을 지불하고 제대로 된 서비스를 받기를 원하지, 공짜로 형편없는 서

우대빵과 함께하는
성공 부동산 중개사무소 창업

비스를 받는 것을 선호하지는 않는다.

일시적으로 자문하는 역할을 해야 한다. 내가 고객의 회사에 고용되지 않았기 때문에 가질 수 있는 객관성으로 나의 전문지식과 식견을 통해 고객의 행동을 바람직한 방향으로 유도해야 한다. 내 자식도 마음대로 못하는데 이런 일들이 쉬울 리가 없다. 하지만 전문자격사는 대부분 컨설턴트이며, 풍부한 전문지식과 경험을 가지고 고객의 올바른 판단을 지원해야 한다. 그렇지 않으면 아예 서비스 제공에 대한 계약을 하지 않는 것이 좋을 것이다.

우대빵에서 성공하는
공인중개사란?

부동산 중개사무소 브랜드 우대빵 창업을 상담하다 보면, "우대빵은 좋지만 나는 우대빵에 맞지 않는 것 같다"라는 분들이 꽤 있다. 우대빵은 중개절차를 혁신적으로 개혁해서 선도기업으로 발돋움하고 있다. 우대빵 창업은 이를 중개절차에 적용해서 내부 중개시스템을 사용한다. 이 중개시스템에 적응을 하게 되면 중개가 쉬워진다. 하지만 본인의 지식이나 과거 중개경험을 내세우면서 적응을 하지 못하는 경우도 꽤 있다.

우대빵 중개시스템에 잘 적응을 해서 성공하는 공인중개사들은 누구일까?

첫 번째는 시스템 내에서 소속감과 안정감을 느낄 수 있는 공인중개사분들이다. 대부분은 조직(회사) 생활의 경험이 적지 않은 분들이다. 우리가 사람을 분류할 때 '창업형 인간'과 '회사형 인간'으로 구분한다.

창업형 인간은 무언가 새로운 것을 만들어내고 회사형 인간은 이를 관리한다. 인류 문명이 나아가야 할 방향은 창업형 인간에 의해 결정되어 왔으며 이를 따르는 경우 회사형 인간으로 분류된다. 창업형 인간이 좋은 것으로 주로 이야기가 되지만 사실 사회에는 회사형 인간이 더 필요하다. 모든 사람이 창업형 인간으로만 활동한다면 회사를 누가 운영하고 유지하겠는가?

우대빵 창업에 성공하려면 새로운 중개시스템에 잘 적응하면서 협업을 통해 중개거래를 성사시켜 나가야 한다. 따라서 따지고 보면 우대빵에서 성공하는 공인중개사란 회사형 인간에 가깝다. 이는 다른 개업공인중개사들의 성공기준과는 다르다. 다른 개업공인중개사라면 창업형 인간이 더 두각을 나타내는 경우가 많다. 시스템이란 틀 안에서 있기보다는 시스템을 벗어나서 자율적으로 활동과 영업행위를 하는 경우가 더 많다.

두 번째는 고객 접점 관리자의 역할에 충실한 사람들이 성공한다. 공인중개사는 고객 접점에 서 있는 전문가다. 항상 고객을 만나고 고객의 불편을 듣는 사람이다. 사람 상대하는 일을 해본 분들은 잘 알지만 사람을 만나는 일은 일단 피곤하다. 하지만 이런 일들도 본인의 문제가 아니라는 사실을 기억하는 것이 중요하다. 우대빵의 시스템에 잘 적응하는 공인중개사분들은 대부분 이런 문제를 개인적으로 받아들이지 않고 회사의 문제로 생각한다. 첫 번째 논리와 비슷하지만 시스템에 잘 적응하지 못하는 분들은 이를 개인적인 문제로 받아들이게 되고, 감정적으로 되면서 논리적으로 생각하는 능력을 잃게 된다.

세 번째는 부동산 중개 경력이 많은 분들보다는 다른 조직의 경력이 많은 분들이 유리하다. 과거 부동산 중개 경력이 많은 분들 중에는 뛰어난 분들도 있겠지만 많은 경우 좋지 않은 경험이 오히려 많다. 꼭 적합한 말은 아니지만 가두리, 허위매물 만들기, 실거래신고 늦추기 등이다. 하지만 사회경험, 특히 다른 조직의 경력이 많은 분들은 일단 시스템 내에서 일하는 것에 익숙하고 협업을 한다는 생각이 기본으로 되어 있다. 따라서 이런 분들은 중개업무에만 익숙해지면 엄청난 성과를 낼 수 있다.

마지막은 SNS(카페, 블로그, 유튜브 등)에 익숙해야 한다. 지금까지 경험에 의하면 이런 능력은 나이가 젊은 분일수록 유리하지만 꼭 나이에 좌우되는 것은 아니다. 나이가 많지만 SNS에 능숙한 분들도 많다. 따라서 지속적인 관심을 가지고 이를 실행하느냐, 안 하느냐가 성패를 좌우한다.

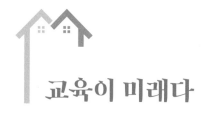

교육이 미래다

부동산 중개 시장의 규모는 상당히 크다. 통계청에 의하면 '부동산 중개 및 대리업'은 2019년 기준으로 사업체 수 100,088개, 종사자 수 156,371명, 매출액은 8조 3,613억 원에 이른다. 하지만 안타깝게도 중개 시장은 낙후되어 있다. 2016년과 비교하면 사업체 수는 12.6%나 증가했지만 매출액은 오히려 6.9%나 줄었다. 이전보다 경쟁은 치열해지고 돈은 안 된다는 말이다. 따라서 업체당 매출액 수준은 2016년 1억 102만 원에서 2019년 8,354만 원으로 줄었다.

개업공인중개사 사무소나 영업방식은 과거 복덕방이라 부르던 시절과 비교해도 큰 차이가 없다. 하지만 주택수요자들은 엄청나게 변하는 중이다. 시세나 실거래가 파악 등은 이미 실시간으로 이루어지고 있다. 몇 명의 사람들이 우리 아파트를 보는지 등도 어플을 통해 한눈에 파악이 가능하다. 이렇게 스마트한 소비자들을 상대하기 위해서는 개업공인중개사 또한 더욱 스마트해야 한다.

부동산 중개 시장 규모

연도별	사업체 수(개)	종사자 수(명)	매출액(백만 원)
2016년	88,873	148,069	8,978,338
2019년	100,088	156,371	8,361,304
증가율	12.6%	5.6%	−6.9%

출처 : 통계청

　개업공인중개사에게 필요한 지식은 많다. 부동산에 대한 전문지식뿐만이 아니라 영업에 대한 지식들도 필요하다. 부동산에 대한 전문지식 중 가장 문제가 되는 것은 브리핑을 할 때 너무 나무에 중점을 둔다는 점이다. 최근의 주택수요자들은 아파트 단지에 대해서는 궁금해하지 않는다. 대부분이 이미 공개된 정보이기 때문이다. 하지만 현재 이 아파트의 가격이 가치와 비교해봤을 때 어느 정도 수준인지를 궁금해한다. 즉 저평가인지, 고평가인지의 여부다. 이를 알기 위해서는 기본적으로 숲에 대한 정보를 알아야 한다. 아파트 단지, 즉 나무에 대한 정보는 크게 변화가 없지만 숲에 대한 정보는 변화무쌍하다. 내부의 변수뿐만 아니라 외부의 변수에 좌우되는 면도 많다. 이런 정보를 실시간으로 확보하고 상담에 활용할 수 있어야 한다.

　중개사무소에서 고객들을 상대하다 보면 이런 정보에 밝기가 쉽지 않고 본인 스스로 노력한다고 이를 알기가 어렵다. 따라서 다소 의무적으로 교육이라는 수단을 통해 본인을 더욱 담금질하는 노력이 필요하다. 스스로 필요한 정보를 확보하기 위해 여러 군데를 다닐 수 있지만 이런 정보를 한군데 모아서 제공할 수 있다면 더할 나위가 없다. 영업에 대한 부분도 마찬가지다.

우대빵이라는 브랜드를 가지고 창업을 하기 위해서는 기본교육과 심화교육을 수료해야 한다. 기본교육은 3일이고 심화교육은 2일이다. 겨우 5일이라고 생각할 수도 있으나 스파르타식 교육임을 감안하면 적지않은 기간이다. 수료기준도 명확하다. 필기, 실습 시험결과와 교육팀장의 의견을 수렴해서 수료가 되지 않으면 재교육을 수강해야 한다. 수료후에도 본인의 의사로 재수강이 가능하다. 기본교육과 심화교육은 본사에서 실시하는 것이 기본이지만 사무소 방문 교육도 가능하다. 우대빵 시스템을 이용해서 중개업 운영이 가능한지를 판단하는 교육으로 개설 전 기본, 심화교육을 수료해야 창업이 가능하다.

성공한 사람들의 특징 중 하나는 끊임없이 배운다는 점이다.《퍼스트 클래스 승객은 펜을 빌리지 않는다》라는 책을 써서 유명해진 1등석 전담 스튜어디스는 끊임없이 메모하고 공부하는 습관이 초특급 자산가들의 특징이라고 했다. 심지어 커피 한잔을 옆에 두고 비행시간 동안 8권의 책을 독파하는 사람도 있었다고 한다. 공인중개사라고 예외는 아니다.

우대빵이 두 번째로 설립한 회사는 우대빵 부동산 아카데미다. 가맹사업을 시작하면서 제일 먼저 착수한 것이 국내 유수의 신문사와 함께 '부동산 창업스쿨'을 개설한 것이다. 교육을 통해 낙후된 부동산 시장을 선진화하려는 우대빵의 의지가 담겨 있다고 볼 수 있다.

우대빵,
미국 MBA를 가져오다

교육을 통한 선진 부동산 중개 문화 정착이라는 기업문화를 가진 우대빵이 창업교육 다음으로 추진한 프로젝트는 미국 MBA를 국내에 가져오는 것이었다. '부동산 중개회사가 왜 MBA를?'이라고 생각하는 분들도 많을 것이다. 하지만 교육만이 우대빵에 필요한 전문가를 만들 수 있다는 일념으로 추진한 일이었다.

다행히 내부에 미국대학 관련 일을 한 전문가가 있어 가능한 일이었다. 최근 미국대학들은 펜데믹 상황으로 유학생들이 미국을 방문할 수 없으니 재정적으로 어려움을 겪는 경우가 많았다. 미국의 국제교육기관(Institute of International Education)이 2020년 가을학기에 발표한 자료에 의하면, 700여 개 대학교를 대상으로 한 조사 결과에서 신입 유학생은 무려 43%나 감소했다고 한다. 어지간히 대학 재정이 튼튼하지 않으면 대학 경영이 어려운 지경이었다. 따라서 협상은 매우 우호적으로 진행될 수밖에 없었다.

문제는 등록금과 영어에서 터져 나왔다. 좋은 대학일수록 등록금이 높고, 입학조건으로 높은 영어성적을 요구하는 경우가 많았다. 우대빵은 부동산 산업의 인력을 재교육하는 데 초점이 맞춰져 있기 때문에 부담스러운 입학조건이나 경비는 현실적이지 않았다. 이런 조건을 충족하는 대학을 찾는 일이 쉽지는 않았다. 하지만 다행히 IAU(International American University)란 중견대학과 잘 협의가 되어 부동산 MBA를 한국에 오픈할 수 있게 되었다.

IAU는 2005년 설립한(Management Institute of America로 출범) 5개의 학위를 수여하는 실무형 경영전문대학이다. 경영학 분야는 학사, 석사, 박사(DBA) 학위를 모두 수여하고 있다.

2006년 7월 BPPE(캘리포니아 교육국)의 승인을 받으면서 IAU로 이름을 변경했고, 2019년 11월 연방인가(TRACS) Candidacy를 확보했으며 팬데믹 상황임에도 2020년 11월 연방 본 인가를 획득해서 최고 수준의 교육을 제공하는 것으로 인증을 받은 대학이다. 미국 대학은 설립이 자유롭지만 BPPE의 승인과 함께 연방정부의 인가(Accreditation)를 받아야 한다. 연방정부의 인가를 받는 것은 기업들이 증권거래소에 상장한다는 개념과 유사하며 좋은 학교이냐, 아니냐를 가르는 기준이 되기 때문에 중요하다.

2020년 현재 석사 학위를 2,097명이나 배출했으며, 박사 학위도 312명이나 배출한 중견대학이다. 다행히 총장인 라이언 도안(Ryan

Doan)과는 예전 친분이 있어 협의가 잘 진행되었다. 문제는 학비와 수료기간, 그리고 한국어 강의 도입 여부 등이었다. 한국 학생들을 대상으로 모집하는 이번 부동산 MBA 과정은 총 12과목 중 6과목을 한국어로 강의하고, 입학 전형 시 영어성적을 면제하는 등 한국 학생들에게 최적화된 프로그램으로 설계했다.

IAU 경영학 분야 졸업생 배출현황

구분	BBA	MBA	DBA
졸업생 수	1,383명	2,097명	312명
비중	35.42%	53.70%	10.88%

특히 IAU와 함께 부동산 MBA를 개설하면서 우대빵을 통해 인턴십 프로그램(Internship Program)을 학점(2학점)으로 인정받게 했다. 매월 오프라인 모임을 통해 정보교환과 함께 인적 네트워크 활용에도 주안점을 둬 제2의 인생설계에 도움이 되도록 구성했다.

100% 온라인 과정으로 1년 내 졸업이 가능하며 국내외 온라인 실시간 수업과 함께 녹화영상도 반복 시청이 가능해 미국과의 시차문제도 극복했다. 필요시 특정 학기를 선택해 미국 현지에서의 대면수업도 가능하다. 특히 UCLA 등 미국의 명문대학에서 학위를 취득한 IAU의 우수 교수진들과 미국, 유럽, 일본, 그리고 한국에서 학위를 취득하고 활동한 한국 교수진들 간의 조화를 통해 융합학문인 부동산 지식을 한 단계 끌어올리는 데 도움을 줄 것으로 기대된다. 학비도 1만 달러대에 가능하도록 설계해 팬데믹 상황에서도 재교육을 하려는 분들에게 도움이

되도록 했다.

2021년 가을학기(Fall Session)에 입학생들이 모집되어 미래의 부동산 전문인력으로 양성될 것으로 기대한다. 2022년 봄학기(Spring Session)에는 박사(DBA)과정도 개설할 계획이다.

인터뷰 **IAU 라이언 도안 총장, 우대빵과 함께하다**

🅠 안녕하세요. 라이언 도안(Ryan Doan) 총장님! 대학 소개 좀 부탁드립니다.

　IAU(International American University)는 미국 캘리포니아주 로스앤젤레스에 위치한 경영전문 대학교입니다. LA의 상업, 문화, 교통 중심부에 위치해서 일과 학업을 병행하고자 하는 미국학생뿐만 아니라 유학생들의 만족도가 높습니다. IAU 설립이념은 미국 고등 교육 서비스를 가성비 높은 비용으로 제공하는 것입니다. 덧붙여, 열린 시스템으로 '사람'에 대한 지속적인 투자를 이념으로 우수한 교원 영입을 통해 인재 중심의 함께 성장하는 문화를 만드는 것이 궁극적인 목표입니다.

🅠 IAU는 UCLA로 유명한 LA지역 중견대학으로 알려져 있습니다.

　2005년 설립 당시에는 그리 크지 않은 대학이었습니다. 뒤돌아보니 15년이 훌쩍 지났지만, 그 당시에는 신생대학교 신입 총장이었습니다. 작은 로스쿨에서 시작한 교육사업가로서 저의 첫 경력은 대학 교무처장, 연구처장으로 이어졌고 마지막으로 원격교육대학 경험까지 더하니 다채로운 스펙트럼을 갖출 수 있었습니다. 그 덕분에, 흔한 이야기지만, 대학 교육 사업에 꿈을 펼치고자 마음먹은 그날부터 열심히 당면 과제들을 풀어왔을 뿐인데, 어느새 중견대학 총장으로 불리고 있습니다. 그동안 매번 놀라운 경험을 했지만, 졸업한 학생들이 더 나은 경력을 쌓는 모습, 그리고 그들의 성장하는 삶을 지켜보는 것이 가장 큰 저의 기쁨입니다.

Q 8월 30일 첫 수업을 앞두고 있는 한국학생들을 위한 '신설 학과'가 있다고 들었습니다.

미국 경영학과 한국 부동산을 아우르는 부동산 MBA과정을 개설했습니다. IAU 경영학 교수진과 한국 부동산 및 프롭테크(Property-technology) 산업에 정통한 우대빵 부동산 아카데미 전문가들이 함께 고심한 융합전공 과정입니다. 경영학 영어과정과 부동산학 한국어과정으로 각 6과목씩 총 12전공과목을 이수한 후 유관 산업체 인턴십까지 함께 진행합니다. 더욱이 부동산 MBA 커리큘럼은 한국 학생들이 영어와 한국어로 해당 전문분야 교육을 받을 수 있도록 설계했습니다.

덧붙여 지난해 급등한 서울 부동산 가격은 아시아 주요 도시 중 가장 큰 상승세를 보였습니다. 아시아 금융 허브의 대안으로 자리매김한 서울을 중심으로 한 부동산 시장의 최근 추세와 사회 이슈로 이번 신설 학과 개설의 필요성이 제기됐습니다. 미래를 대비한 미국 부동산 MBA 과정은 한국 학생들이 글로벌 성장기회를 잡을 수 있는 통찰과 역량을 강화하기 위한 프로그램입니다.

Q 미국 부동산 MBA 개설, 교수 초빙에 어려움을 겪는 대학이 많습니다.

그동안의 혁신과 성장을 거듭하며 IAU는 이미 이론과 실무에 능통한 경영학 교수진이 활발히 활동하고 있었습니다. 전 세계 여러 나라 출신으로 학계뿐만이 아니라 수십 년간 미국 비즈니스 경험을 풍부하게 쌓았음을 자부합니다. 같은 맥락으로 부동산 학과 교수진 초빙 또한 순조로웠습니다. 우대빵 부동산 아카데미 교수진은 유수의 한국, 아시아 및 미국 대학 출신으로 해당 분야에서 부동산 사업에 대한 경험과 노하우를 쌓아온 명실공히 대한민국 최고 부동산 전문가 집단입니다.

Q 미국 부동산 MBA 이수 후 진로에 대해 알려주세요.

대한민국은 정부 공모형 부동산 투자 활성화 정책으로 대체 투자 시장이 급성장 중이라고 들었습니다. 부동산 투자 시장이 움직이며 산업이 성장하면 부동산 투자와 자산운용 인력에 대한 수요가 늘어납니다. 부동산 MBA 졸업생 대부분은 직접 부동산 매매, 중개 또는 관리업무뿐만 아니라 부동산 분야별 회사 취업이 가능합니다. 부동산 개발 및 시공, 부동산 금융 및 투자, 투자 기구, 컨설팅 및 자문, 자산관리까지 흔히 알고 있는 부동산 헤지 펀드 또는 부동산 투자 신탁(REIT) 운영 등이 해당합니다. 또한 대기업 및 월스트리트 투자 은행 회사가 자금을 지원하는 대규모 부동산 프로젝트에 참여할 수도 있습니다. 이처럼 미국 부동산 MBA 이수를 통해 부동산 회사 경력전환 또는 노후직업으로 인생 전략을 세울 수 있습니다.

또한 '부동산'은 개발 및 판매, 부동산 평가 및 관리, 마케팅, 도시 계획 및 지속 가능한 개발, 금융, 투자 및 자산 관리 등 많은 산업을 아우르는 융복합 학문입니다. IAU 부동산 MBA 과정은 이와 같은 융복합성에 주목해 부동산 진로에 대한 학생들의 시야를 넓히는 것에 주안점을 두고 있습니다. 또한 글로벌 부동산 네트워크를 통해 학생들이 지속적이고, 의미 있는 커뮤니티 활동에 참여하도록 독려하고 있습니다. 여러분은 투자 회사, 은행, 금융 기관 및 부동산 지주 회사 출신 IAU 부동산 MBA 졸업생 중 한 사람으로 선후배, 동기들과 모여 소중하고 뜻깊은 시간을 함께 나누며 인생의 중요한 순간마다 최고의 조력자와 함께할 것입니다.

Q 미국 부동산 MBA, 자랑 좀 부탁드립니다.

IAU와 우대빵 부동산 아카데미는 각자의 장점만을 모아 부동산 MBA과정을 설계했습니다. 조직 행동 및 리더십, 관리자를 위한 상법, 인적 자원 관리, 경영 정보 시스템 및 재무 관리 등이 포함된 핵심 MBA 경영학은 IAU가 전담했고, 우대빵 부동산 아카데미 교수진은 실제적이고 통합적인 지식 습득을 목표로 기존 MBA 경영학을 탈피한 새로운 부동산 과정으로 개편했습니다. 비대면으로 이루어진 수개월에 걸친 논의와 교수위원회 커리큘럼 보완을 거치면서 지금의 교육과정이 탄생했습니다. 온라인 교육·미국 MBA석사 학위·최근 부동산 교육 수요

대응, 이 세 가지가 미국 부동산 MBA 자랑이며 핵심입니다.

Q 우대빵 부동산 아카데미 역할에 관해 말씀해주세요.

MBA 과정은 이론과 실전의 연결이 중요합니다. 앞서 이야기했지만, 우대빵 부동산 아카데미의 한국 부동산에 대한 풍부한 경험이 없었다면 신설학과 개설은 녹록지 않았을 것입니다. 부동산과 투자의 일반적인 연결은 흔한 생각이지만, 경영학을 통해 이러한 '투자'를 보는 완전히 새로운 시각을 배울 수 있습니다. 글로벌 이론의 이해를 바탕으로 우대빵 부동산 아카데미 부동산 교수진과 함께 학생들이 직접 자산 장단점 평가, 고객 자산 관리 및 투자 시뮬레이션, 농촌 미개발 토지, 도시 환경, 호텔 및 상업용 부동산, 성장 도시 임대 주택 등 실전 투자 전략 워크샵을 통해 MBA 과정의 이론과 실무를 통합합니다.

Q 4차 산업혁명 시대와 코로나19가 맞물려 큰 변화를 불러왔습니다. 앞으로 대학교육이 가야 할 방향이 궁금합니다.

IAU는 온라인 교육이 보편화 되기 훨씬 이전인 2010년부터 온라인 수강을 적용해왔습니다. 15년간 학교성장과 더불어 온라인교육을 강화하면서 다가올 4차 산업혁명 시대에 미리 대비해왔다고 자부합니다. 그동안의 노하우를 살려 현재 IAU 온라인 커리큘럼은 교내 강의 프로그램과 동등한 수준의 성과를 입증하고 있습니다. 이를 위해 교수진은

우대빵과 함께하는
성공 부동산 중개사무소 창업

동일한 강의 계획서에 따라 온라인 및 교내 강의를 진행하며, 대학 교육 시스템에 관련된 교수진, 기술지원, 규칙준수 및 기대효과 등 엄격한 관리 지침으로 관리하고 있습니다. 그러므로 대부분 풀타임 교내 강의 중심의 부동산 MBA 과정에 비해, IAU 부동산 MBA 과정은 온라인 수업을 통해 시간 제약과 지리적 한계가 없어 한국 직장인들에게 좋은 선택이라고 생각합니다.

코로나19 이후 부동산 시장은 혼란스러운 양상이 지속될 것이라 예상됩니다. 하지만 오히려 혼란이 진정되는 조짐이 비치자 그 반동으로 급성장이 이루어지고 있습니다. 저는 지금이 바로 기회라고 생각합니다. 미국 부동산 MBA를 통해 시장 미래 동향 예측 방법 이해, 기존 부동산 시나리오 사례 연구 및 검토를 통해 적용방안을 모색해서 새로운 성장의 기회로 삼길 바랍니다.

Q 마지막으로 미래를 고민하는 한국학생들에게 한 말씀 해주세요.

IAU 부동산 온라인 MBA는 부동산 분야에서 경력을 쌓고자 하는 한국 학생들에게 아주 좋은 기회가 될 것입니다. 한국 교수가 가지고 있는 전문 지식과 통찰을 공유하고 미국 교수와 호흡을 맞추며 미국 문화를 체득할 수 있는 소중한 기회가 될 것입니다. 여러분들을 IAU 부동산 MBA 수업에서 만나기를 기대하겠습니다!

지역에 집중하고
경쟁자를 고려하라

　이론적으로 마케팅의 핵심은 STP전략이라고 한다. S는 Segmentation (세분화)이며 T는 Targeting(집중화) 그리고 P는 Positioning(자리 잡기)이다. STP전략은 기본적으로 고객의 욕구가 갈수록 다양해지고 있기 때문에 중요하게 여겨진다. 마케팅 전략이 급속히 소비자 중심적으로 바뀌면서 이렇게 다양한 고객의 욕구를 충족시키기 위해 일대일 마케팅의 수준에까지 기업의 마케팅 전략이 도입되고 있다. 하지만 기업은 현실적으로는 일대일 마케팅의 수준에 맞는 개인화된 상품을 생산할 수는 없다. 따라서 일정 규모의 시장으로 유사 고객을 군집화시킬 수밖에 없는 것이다.

　기업은 이러한 다양한 고객의 욕구를 발굴해서 유사한 고객 집단으로 분류하고(시장 세분화, Segmentation), 자신이 보유한 역량과 자산을 고려해서 가장 적합한 시장을 찾아내고(집중화, Targeting), 그 표적 시장에서 경쟁자를 고려한 자사의 제품을 알리는(자리 잡기, Positioning) 일련의 과정을 수행한다.

이러한 마케팅 전략의 수행 과정인 STP전략은 통합적으로 움직여야 한다. 세분화는 표적 시장 선정의 목표를 가지고 고객 집단을 분류해야 하며, 포지셔닝은 선정된 표적 시장 내에 자사 제품을 어떻게 인식시키는가가 중요하다. 따라서 STP전략은 각 구성 요소들 간의 상관관계와 상호 작용의 중요성을 간과해서는 안 된다.

이를 부동산 중개 시장에 적용하면 세분화(Segmentation)는 지역을 고려해서 수행하는 경우가 대부분이다. 따라서 집중화(Targeting)는 본인이 보유한 역량과 자원이 최대한의 시장 성과를 달성할 수 있는 최적의 시장을 선정해야 한다. 집중화 전략을 수행할 때 가장 중요하게 살펴보아야 할 변수는 집중화할 시장을 선정하는 기준과 어떤 마케팅 전략을 통해 이에 도달할 것인가 하는 커버리지(Coverage) 전략이다.

예비 가맹점주분들을 상담해보면 대부분 본인이 거주하는 지역을 영업거점지역(*우대빵 가맹점은 영업거점지역이 행정동이며, 영업지역은 해당 구다)으로 선정하는 경우가 많다. 일견 문제없는 선택이라고도 볼 수 있지만 편하다는 것이 꼭 좋은 것만은 아니다. 지역을 잘 알고 있으니 브리핑도 쉽고 임장에서도 유리할 것이라는 생각이 든다. 하지만 특정지역을 아는 데 소요되는 기간은 짧고 브리핑이나 임장에 필요한 정보는 어차피 다시 공부해야 한다. 경험적으로 보면 한 달 정도면 특정지역의 인근 아파트 단지들은 잘 파악해서 브리핑이나 임장에 큰 문제가 없다.

따라서 오히려 호재가 있는 지역이나 가격대를 고려한 지역선택이 요구된다. 호재가 있는 지역은 많은 주택수요자들이 몰리고 가격도 순차적으로 상승하기 때문에 당분간 매출에 걱정이 없다. 또한 정부의 규제로 인해 특정지역 아파트의 가격대도 중요하다. 가장 매력적인 가격대의 아파트는 9억 원에서 15억 원 사이이다. 대출에서도 9억 원 이하와 비교해도 큰 차이가 없어(9억 원 초과분에 대해서만 LTV가 20%) 거래가 잘된다.

대부분의 직장인들 또한 본인이 거주하는 지역에서만 직장을 찾지 않는다. 좋은 직장을 먼저 찾고 이후 필요하면 주변에 거주하게 된다. 직주 근접이 되는 것이다. 따라서 개업공인중개사들도 선호하는 지역을 먼저 선정하는 것이 중요할 것이다.

우대빵의 영업거점지역은 '동'이다. 강남에서 오랫동안 중개업을 한 베테랑 중개사와 통화한 적이 있는데, 이분은 "동이라는 기준은 의미 없다"라고 딱 잘라 말씀하셨다. 그 이유는 정말 능력 있는 중개사들은 몇 개 단지만을 영업의 대상으로 삼지, 수십 개 많게는 수백 개의 단지들이 있는 '동'은 마케팅의 관점에서는 고려하지 않는 것이 좋다고 조언했다.

마케팅의 핵심은 지역을 되도록 줄이는 것이다. 지역을 줄이면 매출 또한 줄 것이라고 걱정하는 가맹점주들이 있다. 하지만 특정 지역에 전문화되면 오히려 매출은 늘어날 수 있다. 특정 지역에서 전문가라는 소문이 나면 오히려 외부에서도 공동중개를 요구하는 사람들이 늘어나게 된다. 내 주변지역도 잘 모르는데 더 넓은 지역에 관심을 가지는 것은 오히려 전문성이 없다는 인식을 초래해 내 지역에서조차 자리를 잡지 못하게 된다. 이건 아주 심각한 문제를 초래할 수 있다. 현실적으로 특정 동의 모든 아파트를 잘 아는 것은 불가능하다. 먼저 내 주변부터 살피는 노력이 선행되어야 한다.

우대빵의 경쟁자는 아파트 단지마다 존재하는 사모임들이다. 이들의 결집 수준에 따라 가입비가 달라지지만 1억 원이 넘는 곳도 꽤 된다. 기존의 사모임들과 경쟁하기 위해서는 이들과 완전히 다른 회사임을 천명하는 것이 좋다. 이곳에서 영업을 해야 하니 눈치가 보인다는 생각이 드는 순간, 주택수요자들은 여러분을 똑같은 사모임의 일원이라고 생각할 것이다. 우대빵은 포지셔닝이 아주 잘되어 있는 브랜드다. 이를 더욱 잘 발전시키기 위해서는 경쟁자와 다른 인식과 서비스를 제공하는 것이 필요하다.

매물을 확보하는 비법

첫 상담을 앞둔
중개업자(개업공인중개사)에게

이 글을 보는 독자가 이미 개업했지만 초보 공인중개사라면, 또는 아무 경험이 없는 자격증만 가진 공인중개사라면, 그리고 자격증은 없지만 중개업에 입문(중개보조원)할 생각이라면 막연한 자신감을 가지고 있을 수도 있고 그렇지 않을 수도 있다. 너무나 불안해서 어디서부터 시작해야 할지 갈피를 못 잡을 수도 있을 것이다. 누구나 어떤 직업을 가질 때 시작 단계가 있고 초보 시절이 있는 것이지만, 중개업에서는 취급하는 상품의 가격이 웬만하면 억대가 넘다 보니 공인중개사법에 명시된 각종 처벌 조항을 보면 더욱 겁이 나기 마련이다.

모든 분야의 업무에서는 일부 공통되는 속성이 있겠지만, 부동산 중개업은 동시에 여러 고객의 요구 사항을 조율하고 설득해서 관철시키고 최종적으로는 계약에 이르게 하는 일련의 행위다. 그렇기 때문에 이

우대빵과 함께하는
성공 부동산 중개사무소 창업

업무에 입문하는 모두가 각자의 사회 경험을 통틀어 보더라도 매우 접근하기 어렵다고 느낄 수밖에 없을 것이다. 또 본인이 그동안 살면서 서비스를 받는 고객의 입장에서 겪었던 중개업자의 전형적인 부정적 모습 때문에 본인도 고객에게 그렇게 보이고 거부감을 줄 수도 있다는 불안감, 또는 그렇게 되지 말아야 한다는 신념과 의무감 등 여러 가지 생각들이 교차할 것이다.

지금까지 중개업계에서 업무를 배우는 방식은 대부분 주먹구구식이었다. 어깨 너머로 배우거나 업무 방식을 알려주는 후견인의 지시와 철학에 따라 답습해온 것이 대부분이었기 때문에 더 그런 불안감을 안겨주는 경향이 있다. 누구에게 업무를 배우는지에 따라 중개업에 쉽게 안착할 수도 있고, 아예 중개업을 접을 수도 있는 중요한 시기다. 이 시점의 선택은 매우 중요하다. 시중에 나와 있는 많은 중개업 입문서를 보더라도 당장 실무에 적용하기 어려운 추상적인 내용과 수박 겉핥기 식의 본질을 꿰뚫지 못하는 내용으로 오히려 혼란스러움을 더할 수도 있겠다.

이번 장에서는 중개업을 시작할 때의 일반론적인 사항 그리고 그것이 우대빵 중개시스템과 접목됐을 때 어떤 시너지 효과를 낼 수 있는지 알려드리려고 한다. 우대빵 중개시스템과 사업 모델이 제시하는 역할은 일찍이 경험하지 못했던, 중개기법 및 계약서 작성, 그 외 실무를 상대적으로 손쉽게 초보자도 따라 할 수 있게 전달하는 것이다. 사람이 반드시 해야 하는 업무 외에는 자칫 결핍될 수 있는 중개과정에서의 중요한 여러 포인트를 시스템이 대신해줌으로써 거래사고가 발생하지 않도록 완벽히 만들어주는 것이다. 이미 우대빵 부동산 중개법인 내에서는 여러 초보 공인중개사들을 통해서 검증된 방법이니 그에 맞게 따라간다면 누구든 성공적으로 중개업을 시작할 수 있을 것이라고 확신한다.

따라서 이 책의 '매물을 확보하는 비법'과 '고객이 넘치는 부동산 중개사무소 만들기'를 읽어본다면, 처음 중개를 시작하는 분들에게 업무를 시작하는 방법과 우대빵 중개시스템이 더해졌을 때 어떻게 실무에 응용되고 중개업에 성공적으로 안착할 수 있는지 알려주는 기회가 될 것이다.

아무리 좋은 시스템을 갖춰도 결국 모든 것은 사람이 운용하는 것이다. 기본적으로 그 일을 하는 중개업자의 역할이 가장 중요하다. 지금부터 적어 나갈 것은 초보 중개업자가 어떤 마음가짐과 업무 방식으로 일을 해야 할 것인지 제안하는 것이다.

또 독자께서 지금까지 여타의 서비스업에 종사해보지 않았다면 그리고 서비스를 받는 '갑'의 입장에서만 살아온 경험뿐이라면 이제는 기존의 생각과 경험을 한 켠에 두고 모든 면에서 새롭게 탈바꿈하는 계기로 삼기 바란다. 그 발상의 전환을 하지 않으면 시작부터 '이건 뭔가 아닌데…'라는 생각으로 밤잠을 이루기 힘들 것이다. 부동산 중개업은 필자가 경험한 것에 의하면 '궁극의 서비스업'이며, '서비스업의 종합예술'이라고 부를 수 있기 때문이다.

첫 상담이
매물 확보의 첫걸음

고객과의 첫 상담이 이루어지는 경로는 주로 사무소 방문, 전화 수신, 문자 대화 등이다. 또 우대빵이 제공하는 서비스에서는 좀 더 다양한 경로(이를테면 우대빵 카카오톡 채널, 카페, 우대빵 앱, 홈페이지 등)로 이루어지기도 한다. 첫 상담이 중요한 이유는 그 시작이 어떻게 이루어졌는지에 따라 어떤 관계에서 출발하는지가 결정되기 때문이다. 좋은 매물을 좋은 조건에 받을 수도 있고, 고객이 미처 내놓을 생각이 없던 매물을 추가적으로 확보할 수도 있다. 당장 중개를 의뢰하지 않더라도 나중에 내놓을 수 있도록 고객에게 좋은 인상을 심어줄 수도 있는 것이다. 따라서 고객과 만들어진 첫 관계가 장차 중개업 성공의 시발점이 된다는 마음가짐으로 항상 일관되고 안정적인 상담을 할 수 있는 준비를 해둬야 한다.

특히 우대빵 중개시스템에서는 이미 기존 부동산 거래정보망을 사용하는 지역별 개업공인중개사 모임처럼 본사와 지점, 가맹점 간의 매물 공유가 가능하다. 여기에 그치지 않고 손님도 공유(내 업무 구역에서 다른 업무 구역의 지점 및 가맹점으로 전달하거나 공동중개가 가능함)할 수 있다. 그러므로 더욱 첫 대응이 매우 중요하다고 할 수 있다. 왜냐하면 고객에 따라서는 한 번의 거래 후 다른 지역의 매물을 찾거나 다른 지역의 매물도 처분하는 등의 연속된 거래가 만들어질 수 있기 때문이다. 다른 개업공인중개사와의 차별성을 고객에게 제대로 어필한다면 여러 건의 거래가 줄줄이 이어지고 오래 관계를 지속할 수 있는 가능성이 더 커질 수 있는 것이다. 이것은 수십 년간 이어진 전통적인, 구태의연한 중개 시스템의 변화가 요구되고 있는 현재, 가장 선진적인 방식의 중개임을 확신한다.

또 공동중개가 일반화된 아파트 중개 시장에서는 개별 한 건에 대해서는 중개업자 간에 협업도 하지만, 이면에는 서로 간의 경쟁과 견제가 매우 심하다. 그러나 점차 방대해지는 우대빵 지점, 가맹점 체제는 그와는 다른 개념으로 서로 시너지 효과를 낼 수 있도록 공유와 협업이라는 새로운 중개서비스의 패러다임을 제시하고 있다. 이 체제는 개별 개업공인중개사가 더 안정적으로 사업을 꾸려 나갈 수 있도록 지원한다.

상담 시의 태도와 표정, 용어, 억양 등은 최대한 격식과 예의를 갖추어야 하지만, 질문과 답변의 형식은 검사가 피의자를 심문하는 것과 다를 바가 없다. 고객에게서 본인의 보유 매물에 대한 정보나 찾고자 하는 매물에 대한 정보는 물론, 개인 정보나 가정사 등에 대한 정보를 스스로 술술 이야기하게 만드는 것이 매우 중요하다. 그렇게 했을 때 그 매물이나 매수, 임차 조건을 계약까지 이르게 할 가능성이 커지게 만들 수 있다. 또 그런 사례들이 오랜 시간 축적되면 중개업자로서 사업의 기반을 이루는 자산이 되는 것이다.

매물접수할 때
준비할 것

  매물 중개를 의뢰하는 고객은 고객마다 성향, 부동산에 대한 식견, 의뢰 내용의 시급성 등이 모두 다르다. 이때 고객은 상담자가 어떤 상황에 있는지 고려해주지는 않는다.

  필자의 경험상 첫 문의 시 상담자가 자리에 없거나 전화통화가 안 되거나 문자 메시지에 답변이 없다면 고객이 기다려줄 수 있는 한계 시간은 길어야 10분이다. 그 안에 연락이 닿고 적절한 응대를 해줘야 다른 중개사무소에 방문하거나 연락하는 것을 막을 수 있다. 첫 상담에서 고객이 원하는 답을 만족스럽게 해준다면 상당히 긴 시간 동안 상담을 하게 될 것이며, 고객은 이 과정에서 많은 기력을 소모하게 된다. 중개업소 간 경쟁 관계에서는 이 부분이 매우 중요하며 좋은 기회로 만들 수 있다. 왜냐하면 방문을 마친 고객은 다른 중개사무소에 방문할 계획을 가지고 있었더라도 그 마음을 접고 돌아갈 가능성이 크다. 부지기수로 많은 중개사무소가 있는데 이와 같은 결과로 매물을 접수함과 동시에 경쟁할 중개사무소의 수를 줄이면 거래 성사의 가능성이 높아질 수 있다. 안타깝지만 우리나라의 경우 전속중개보다는 일반중개계약이 일반화되어 있기 때문이다.

안타까운 이야기지만 중개업은 사무소 근무 시에, 휴일에, 휴가 또는 명절에, 퇴근 후에 어떤 경우이든 적어도 통화나 문자 메시지로 대화라도 가능해야 하는 직업이다. 내가 아니더라도 고객이 찾을 수 있는 대안이 얼마든지 있고, 한 집 건너 수많은 부동산 중개사무소가 있기 때문이다. 또 고객의 입장에서 생각해봐도 대부분의 경우는 목적성을 가지고 방문하거나 연락하는 곳이 중개사무소니 평소 친분을 가지고 있지 않다면 굳이 오래 기다릴 필요가 없는 것이다.

다만, 우대빵 브랜드에 대해 알고 방문하거나 연락하는 고객들은 충성도를 가지고 있으며, 우대빵을 찾는 이유가 몇 가지 더 있을 것이므로 조금 더 차별화된 서비스 마인드를 가지고 응대하는 것이 좋을 것이다.

사무소에서의 대응

• **컴퓨터** : 실거래가 조회(국토교통부, 호갱노노, 아실 등), 네이버 부동산, 인터넷 등기소, 대법원 경매 등 상담에 필요한 사이트는 항상 화면에 띄워두는 것이 좋다. 언제든 고객과 상담할 때 신속히 조회해보

고 응대를 할 수 있기 때문이다.

- **전화** : 자동 통화 녹음은 항상 준비해둬야 한다. 사람의 기억력은 한계가 있으므로 반드시 나중을 위해서라도 준비해야 한다(이 때문에 자동 통화 녹음이 안 되는 아이폰은 가급적 사용하지 않는 것이 좋다).

- **메모 준비** : 전화 자동 통화 녹음은 분쟁을 방지하기 위한 방편이기도 하고 바로 메모가 불가능할 때를 위해 사용하는 기능인데, 다시 듣는 것도 개수가 많아지면 번거로운 일이다. 따라서 가능할 경우에는 바로 메모하고 정리해서 전산상으로 입력해두는 습관을 가지는 게 좋다.

외부 현장에서의 대응

외부 현장에서, 특히 다른 고객과 함께 있을 때 문의를 받으면 난감한 경우가 많다. 기본적인 정보는 어느 정도 통화에서 대화한 다음 양해를 구하고 나중에 최대한 신속히 연락을 취하거나 다른 상담자에게 전달해서 자세한 상담을 하도록 한다.

한 가지 팁으로는, 고객과 함께 현장에서 보고 있는(임장) 매물을 전화로 문의 받거나 하는 경우가 적지 않다. 이때는 통화를 바로 끊지 말고 순간적인 기지가 필요하다. 함께 있는 고객이 그 통화 내용을 간접적으로 듣고 의사 결정을 서두를 수 있기 때문이다. 예를 들어, 고객이 판단을 쉽게 못하고 유보적인 입장을 취하고 있을 때 고객 본인과 같은 매물을 두고 경쟁할 상대가 많다고 느끼도록 한다. 지금 결정하는 게 아직 부담스럽다고 느끼고 있을 때에 이렇게 상담 내용을 간접적으로 듣게 만듦으로써 고객의 마음이 움직이고 의사 결정하는 데 대한 확신과 신뢰를 주게 될 수도 있다.

집에서의 대응

집에 머무를 때 문의가 올 것을 대비해서 가급적 사무소와 같은 환경을 조성해둘 필요가 있다. 물리적으로 어디든 내 사무소라는 생각을 가져야 하며 휴가나 휴일 또는 퇴근 후에 연락을 받지 않는다면 고객의 충성도를 바라기는 어렵다.

직장 생활만을 오랫동안 하고 이제 중개업을 시작하는 분이라면 업무 초기에 이 부분에 적응하는 데 고생하기 마련이다. 그러나 중개업자는 급여 생활자가 아니고 자영업자라는 점을 자각해야 한다. 내가 문의에 대응을 못하고 다른 중개업자가 그 상담을 하게 되어 거래 계약 건을 가져간다고 생각해보자. 또 그 거래 건으로 발생되는 중개보수가 10만 원이 될 지 1천만 원이 될지 모르는 일이라면 제로섬 게임인 부동산 중개업계에서 어떤 자세를 가져야 할지는 자명한 일이다.

운전 중에 대응

운전 중에 고객과 통화를 하는 것은 매우 힘들다. 잘 알고 있는 내용은 능숙한 태도로 상담을 해주도록 한다. 잘 모르는 사항에 대해 상담을 하는 것은 신경이 분산되므로 기초적인 사항만을 질문하고 청취해서 녹음해둔다. 양해를 구한 후 최대한 빨리 대응을 해주는 방법을 취해야 한다.

이외에도 매물접수를 받을 때는 할 말과 하지 않아야 하는 말을 구분해야 한다. 베테랑인 중개업자와 그렇지 않은 중개업자의 차이는 이 부분에서도 드러난다. 초보 중개업자 중에서는 "나는 무조건 진실한 사람이고 고객에게도 그렇게 대해 반드시 충성도 높은 고객을 많이 유치할 것이다"라고 업무에 임하는 사람이 있다. 일견 맞는 말이다. 하지만 사기꾼처럼 없는 이야기를 지어내고 고객을 속이는 행위를 하면 안 된다.

필자가 주장하고 싶은 것은 진실성과 쓸데없는 오지랖은 구분해야 한다는 점이다. 알고 있는 것을 말하지 않는 것과 거짓말은 다른 것이다. 내가 하는 말이 고객에게 좋은 정보가 될지 거래에 좋은 영향을 미칠지 판단해야 하는 것이다. 굳이 쓸모없는 이야기를 해서 고객의 판단에 혼란을 주고 분쟁의 빌미가 될 수 있는 상황은 만들지 않는 것이 좋다.

매물접수할 때
받아둘 것

매물접수를 할 때에는 다음과 같은 사항은 필수적으로 받아둬야 중개를 손쉽게 시작할 수 있다.

1. 소유자가 본인인지, 다른 사람인지

2. 연락처(되도록 여러 연락처)

3. 해당 매물에 현재 거주 중인 사람

4. 현재 살고 있는 곳 : 현지 시세에 밝은지 여부 파악

5. 보유기간

6. 가족 관계

7. 매물을 볼 수 있는 요일 및 시간

8. 대출 금액

9. 매도나 임대를 하는 이유

10. 처분 후 계획 : 처분한 다음의 거래 건도 맡길 수 있는지 타진

11. 주택 수 : 양도소득세 등 문제를 알고 있는지 파악

12. 세금 문제 여부 : 모르고 있다면 상담을 해주면 좋음

13. 임대사업자 여부

14. 집 수리 상태(수리를 했다면 언제 했으며 비용이 얼마나 들었는지 확인)

단순히 가격 정보와 연락처만 받아두는 것은 아마추어들이 하는 방식이다. 노련한 중개업자들은 나중에 불필요한 시간과 노력을 쏟지 않고 초기에 많은 정보를 파악해서 매물 공략 방법을 처음부터 설계한다. 더구나 클로징(Closing) 단계를 위해 촌각을 다투고 다른 중개업자와 승자독식의 경쟁을 하는 순간에 이런 정보들을 챙겨두면 편하게 업무를 할 수 있다. 정보 파악에 들이는 시간과 노력은 돈으로 바꾸기 힘든 것이다.

또 한 가지, 앞에서 언급한 바와 같이 고객과 이와 같은 여러 가지 내용들을 상담하다 보면 고객은 쉽게 지쳐서 다른 중개사무소에 연락할 마음을 접는 경향이 있다. 같은 이야기를 여러 번 하는 것은 부담스럽기도 하기 때문이다. 따라서 시작부터 경쟁률을 줄이는 게 중개 성공 확률을 높이는 방법이다. 물론 우대빵 시스템에서는 이러한 내용들을 체계적으로 관리하고 공유하고 있다. 또 수집된 데이터를 가공하고 분석해서 효율적으로 활용할 수 있도록 더 선진적인 서비스를 개발하고 있다.

우대빵과 함께하는
성공 부동산 중개사무소 창업

매물접수에 필요한 기본 지식과 자세

1. 등기사항증명서

동시에 여러 가지 일을 할 수 있다면 상담과 동시에 아파트 이름과 동 호수를 받으면서 등기사항증명서를 발급받아 그것을 보고 상담을 하면 가장 좋다. 처음에는 어렵지만 반복하다 보면 매우 유용하고 도움이 되는 방법이다. 사무소에 함께 업무를 보는 다른 사람이 있다면 옆에서 내용을 듣고 도와주는 것도 방법이다. 등기사항증명서는 그 아파트와 관련한 여러 가지 내력과 정보를 가지고 있으므로 매물을 접수하고 반드시 발급받아 분석해야 한다.

아파트와 관련해서는 하자담보책임, 임대차보호법(갱신청구권, 묵시적갱신 등), 전월세신고제, 주택임대사업자 제도, 취득세제, 양도소득세법, 임대차 만기 전 계약 종료 시 중개보수 부담 문제 등의 최신 정보와 지식만 알고 있어도 대부분의 상담은 커버할 수 있다. 고객과 상담을 하면서 이러한 기본 지식도 없이 "전화 끊고 알아보고 전화 드리겠습니다"라고 이야기하는 것은 스스로 비전문가라고 솔직하게 실토하는 것이다. 필자가 중개업에 입문할 때와 다르게 지금은 유튜브, 카페, 블로그 등 기본적인 검색 능력만 있으면 얼마든지 찾아볼 수 있는 정보가 많이 있다. 급할 때는 직접 검색해보기보다는 누군가에게 물어보는게 답을 찾기에 빠를지는 몰라도 정확하고 확실한 정보를 찾아 자기 것으로 만드는 게 매우 중요하다. 또 시중에는 여러 가지 메모나 노트 프로그램

이 있다. 한 번 경험하고 수집한 정보는 꼭 스크랩해두고 동일한 문의
가 있을 때 언제든지 신속히 찾아 상담할 수 있도록 활용하면 좋다.

　다른 분야의 전문가, 특히 자격사와 이야기할 때 막연히 그 사람은
법률적 지식뿐만 아니라 실무 경험도 많으며 문의하는 사항에 막힘없
이 답변해줄 것이라고 기대하게 된다. 그러나 현실은 그렇지 않다. 알
고 있더라도 상담 내용에 맞춰 답변을 해주기까지는 진땀나는 상황을
여러 번 겪고 그 후 반복된 학습을 통해 대응 능력이 갖춰지게 된다. 항
상 준비한다는 마음과 자세로 고객들의 기대에 부응할 수 있도록 끊임
없이 여러 경로를 통해 지식과 자료를 축적해둬야 한다.

필자의 부동산 관련 스크랩 내용

2. 모르면 답하지 말라

부동산과 관련된 상담에서 잘못된 답변은 나중에 본인에게 큰 화로 돌아올 수 있다. 앞서 말했듯이 고객은 우리를 전문가로 인정하고 연락하는 것이라서 정확한 답변을 기대한다. 하지만 그것보다 더 큰 문제는 비 전문성을 들킬까 두려워 정확하지 않은 답변으로 고객에게 재산상 피해를 입히는 것이다. 그럴 경우는 적당한 대응으로 시간을 벌고 나중에 보완해주는 스킬이 필요하다.

3. 전화 거는 것을 두려워 말라

아파트를 주 업무대상으로 하는 중개업자는 무작위로 전화를 걸어 고객들을 매우 귀찮게 하는 텔레마케터가 아니다. 최초 어떤 의뢰를 받았을 때 받아둔 정보를 통해 고객에게 연락을 취해서 정보를 제공하고 거기서 받은 피드백으로 추가적인 업무를 하는 일이다. 고객 중에는 자기의 의도를 숨기고 원하는 정보만을 받아낸 다음 어떤 연락도 받지 않는 사람들도 있다. 이런 경우를 제외하면 특정한 목적성을 가지고 연락하는 것이다. 중개업자는 그들이 원하는 것을 캐치해서 정보를 제공해야 한다. 기대한 반응이 없다고 해서 절대 좌절하거나 의기소침해지면 안 된다. 그들로부터 "더 이상 연락하지 말라", "다른 매물을 구했다"라는 이야기가 나오기 전까지는 포기하면 안 된다. 개중에는 고객에게 전화하는 것조차 힘들어 하는 사람들이 많다. 어떻게 이야기를 풀어가야할지 스스로 납득하고 이해되지 않는 이야기를 해야 한다는 두려움, 거절당하는 것에 대한 두려움, 선천적인 게으름 등 여러 가지 이유가 있겠다. 그래서 문자 메시지나 카카오톡 등으로 메시지만을 겨우 보내고 전전긍긍하는 경우도 많다. 그러나 상대방도 사람이다. 한 번 대면을 했다면, 대면을 못했더라도 친밀감 있게 본인이 원하는 정보를 주기 위해 걸려오는 전화를 거절하는 게 쉬운 일은 아니다. 따라서 가급적이면 문자보다는 통화를 시도해서 육성으로 대화를 나누는 것이 좋다. 그리고 거래 계약에 이르기까지의 중요한 고비를 넘겼고 이제 막바지에 치닫고 있다고 생각된다면 반드시 통화를 하는 것이 좋다. 육성으로 하는 대화로 고객이 많은 생각을 하게 만들면 안 된다. 그들은 그 시점에도 본인의 선택에 대해 끊임없이 저울질하고 고민하고 있기 때문이다. 전화 통화를 계속 유지하면서 고객을 내 페이스대로 움직이도록 만들어야 한다.

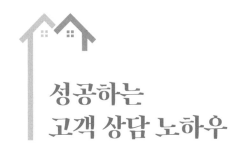

성공하는
고객 상담 노하우

매물을 접수했다면 직접 방문해라

매물접수 후 매물을 보여줄 고객을 모시기 전 여건만 된다면, 소유자가 동의만 한다면 방문해보는 것이 좋다. 접수 받은 내용과 일치하는지, 집에 눈에 띄는 하자가 있고 그것을 소유자가 인지하고 있는지, 인지하고 있다면 처리 계획은 어떻게 되는지, 손님을 모실 때에 하자 부분이 거래에 영향을 미칠 수 있다면 미리 조치할 수 없는지 등 다양한 부분에 대해 미리 타진을 해보는 것이 좋다. 서로 얼굴을 마주 보고 아이 컨택을 한 경우와 그렇지 않은 경우는 고객과의 친밀감 형성에 많은 차이를 주게 되므로 꼭 이 방법을 활용해볼 것을 권한다. 집 상태가 너무 좋지 않아 거래가 힘들 것 같을 때, 고객이 조언에 순응할 것처럼 보일 때에는 어떻게 해야 좋은 시기에 좋은 조건으로 거래가 될 수 있을

지 매너 있게 조언해주는 것도 시도해볼 만하다.

상담의 모든 것을 메모해둔다

매물을 거래하려고 할 때는 의외의 요인으로 실마리가 풀리기도 하고, 반대로 생각지도 못한 이유가 거래에 걸림돌이 되기도 한다. 따라서 가급적이면 상담했던 내용을 최대한 많이 기록하고 기억하는 것이 좋다. 특히, 스스로 초보자라고 생각한다면 메모를 매물 정보를 인식하는 데 능통해지고 거래 업무에 익숙해질 수 있는 왕도라고 생각해야 한다. 초보자일 때 이와 같은 업무 습관을 가지지 않으면 시간이 갈수록 하기 힘든 일이 된다.

첫 상담에서 매물 소유자의 강점과 약점을 파악하라

첫 상담 시에 중개업자와 고객은 서로 탐색전을 시작하게 된다. 고객이 많은 부동산 거래 경험이 있는지 여부부터 시작해서 여러 가지 질문과 답변 속에서 협상 방향, 성향, 시급성 파악 등을 알 수 있다. 이를 통해 앞으로 계약까지 이르게 할 수 있도록 다양한 전략을 수립할 수 있는 근간이 된다. 그리고 사회적으로 중개업자에 대한 시선이 어떻다는 것을 인정하고 나는 그렇지 않다는 것을 고객에게 끊임없이 인식시켜야 좋은 결과를 만들 수 있다.

한 가지 더 이야기하면 되도록 고객의 이야기를 경청하기 바란다. 중개업자 중에는 본인의 말을 더 많이 하고 고객의 이야기를 끊으면서 강하게 자기만의 의견을 주장하는 경우가 있다. 이러한 태도는 지양하는 것이 좋다. 또 중개업자 본인의 무지, 무경험을 감추기 위해 고객의 질문에 동문서답으로 회피하거나 말을 끊고 큰 목소리로 이야기하는 것도 피하기 바란다. 고객이 상담을 마쳤을 때 뭔가 후련하게 고민을 들어주고 좋은 기분이 들도록 해줘야 한다.

상담 시 고객의 눈높이에 맞춰라

아파트 그리고 기타 부동산 분야에 대한 사전 지식뿐만 아니라 일상생활에서의 지적 수준에 따라 눈높이를 맞춰 상담할 필요가 있다. 소유자가 학식이 많거나 어려운 용어를 쓰고 외국어를 섞어 쓴다면 응대할 때에도 그 수준에 맞게 대응해줘야 한다. 그렇지 않고 투박하고 부동산 거래에 아무런 지식이 없다면 또 그 수준에 맞는 용어와 표현으로 쉽게 설명해줘야 한다.

여담으로, 공인중개사가 국민자격증이다 보니 상담 시작부터 "나 공인중개사 자격증 있다"라고 말하는 고객들이 있다. 이 말은 '나에게 허튼짓하지 말아라. 그러나 나는 부동산에 대해 잘 모른다'라는 뜻이다. 공인중개사 자격증의 유무와 관계없이 부동산 관련 경험이 있는 사람은 이런 티를 절대 내지 않는다. 이런 고객은 그에 맞게 추임새를 넣어주고 여러 가지 존중해주는 태도를 취하면 쉽게 좋은 관계를 만들 수 있다.

모든 상담 통화를 녹음하고 문자 메시지는 보관해둔다

통화 녹음과 문자 메시지 보관은 상담 내용을 기록해두기 위해서기도 하지만, 때로는 고객과의 분쟁이 생겼을 때 중개업자로서 최후의 방어 수단으로 활용할 수 있기도 하다.

최근 실거래가, 현재 광고되는 모든 매물 정보를 숙지하라

우대빵 시스템에서 구현하고 있는 기능이기도 하다. 귀찮더라도 본인의 주 업무 지역에 있는 매물의 실거래가, 다른 부동산에서 광고하고 있는 매물 정보, 최근에 거래된 정보에 대해 파악하고 있어야 상담 시 유리한 고지에서 고객과 상담할 수 있다. 고객 입장에서는 여러 부동산과 상담을 했을 가능성이 크다. 그 상담을 통해 여러 가지 정보를 가지고 방문했을 가능성이 있다. 이런 경우도 나름의 준비를 해둬야 한다. 고객보다 더 많은 정보를 가지고 있지 않으면 좋은 결과를 기대하기 힘들다.

전화 상담

전화로 고객과 상담할 때 단편적인 정보만 받는 단순한 통화로 마무리하는 경우가 많다. 일반중개업자 또는 우대빵 중개시스템에서는 통화하면서 동시에 전화번호 검색을 해서 기존 상담 이력이 있는지 파악할 수 있다. 내용이 있다면 함께 보면서 상담하면 좋은 결과를 만들 수 있다. 여러 차례 통화를 했는데 고객이 누구인지도 못 알아보는 중개업자를 좋아할 리 없다.

이러한 일을 할 때에 핸즈프리도 유용한 기기다. 양손을 자유롭게 쓸 수 있으면 컴퓨터 조작을 하거나 메모를 하는 것도 편하게 할 수 있으므로 상담할 때에는 여러 가지 보조 기기를 활용하는 것도 좋다.

문자 상담

통화나 대면해서 상담하게 되면 중개업자에게 페이스가 말린다고 생각하거나 통화 자체에 거부감을 느끼는 경우도 있다. 이럴 때에는 차선책으로 다양한 정보를 문자나 카카오톡 메시지를 통해 전달해주면 좋다.

또, 이미 관리하고 있는 고객에게는 특정 세무, 법률 관련 이슈나 해당 지역의 변화, 매물 거래 정보를 문자나 카카오톡 메시지를 이용해서 제공해주는 것도 좋다. 좋은 매물이 새로 나왔을 때 알려주는 것도 고객과 관계를 유지하는 좋은 방법이다.

방문 상담

고객이 사무소에 방문했을 때는 매너 있는 태도로 상담을 유도하며 상담 시작부터 음료를 제공하지 않는 것이 좋다. 어느 정도 이야기를 들어보고 시간을 두고 상담해야 할 경우 음료를 드릴 것인지 물어보고 제공하는 것이 좋다. 간혹 쓸데없이 시간을 보내기 위해 방문하는 고객 때문에 업무할 시간을 소비하는 경우가 있으므로 권하는 타이밍을 조절할 필요가 있는 것이다.

또 고객이 궁금한 것만 묻고 돌아가버릴 것을 대비해서 상담을 시작할 때 방문 목적이 무엇인지, 매물을 찾는 것이라면 입주 날짜가 정해진 것인지 등 '진짜' 손님인지를 파악하는 것도 중요하다. 돌아가기 전 반드시 명함을 주고 동시에 전화번호를 받아둬야 한다.

임장 시 추가 매물과
손님 확보

　임장했을 때 임차인이 살고 있다면 그에게 명함을 주고 차후 거래될 때를 대비해서 좋은 관계를 형성해두면 좋다. 임차인들은 지속적으로 집을 보여줘야 하는 것에 대해 불편함을 느낄 수 있다. 최대한 예의를 갖추고 그들의 애로점에 공감하는 태도로 접근하고 분위기를 살펴야 한다. 그러면 거래에 이르기까지 매우 편하게 접근할 수 있다. 또한 해당 매물이 거래될 경우 임차인이 어떤 이사 계획을 가지고 있는지 파악해두면 좋다. 임차인으로부터 새로운 매물을 확보하거나 임차인을 손님으로 만들 수 있으면 더욱 좋다. 그리고 미처 알지 못한 소유자의 성향, 매물과 관련된 히스토리, 매물과 관련된 장점, 하자 등에 대해서도 파악해서 중개에 활용할 수 있다. 물론 이러한 내용들도 반드시 매물 관리에 기재해둬야 한다.

바로 내놓지 않더라도 매물 소유자와 끈을 만들어라

매물로 내놓지 않고 단순한 상담을 하는 경우도 많다. 이럴 때는 당장 매물을 내놓고 거래를 앞둔 것이 아니더라도 장기적인 안목에서 그가 원하는 내용을 최대한 상세히 상담해준다. 지속적으로 관리하게 되면 충성도 높은 고객으로 만들어 나중에 매물을 확보할 수 있다.

상담 시 매물 소유자를 충성도 높은 고객으로 만드는 방법

소유자가 매물을 내놓을 때 별다른 이야기 없이 기본적인 매물의 정보, 거래 조건만 이야기하는 경우가 있다. 그러나 상담 방법에 따라 매물 접수의 성패가 갈리게 되므로 최근 대두되고 있는 양도소득세 중과, 취득세 중과, 임대사업자 문제, 전월세신고제 등에서 사전 지식을 가지고 바로 상담을 해준다. 매물접수 시점부터 이렇게 고객과 친밀한 관계를 형성하면 신뢰를 바탕으로 성공적으로 중개할 가능성이 높아지게 된다.

세무

많은 중개업자들이 두려워하고 어려워하는 것이 세무 분야다. 세금 문제만 나오면 말문이 막혀 무턱대고 세무사 연락처를 주고 상담해보라고 하면 그것으로 상담이 끊길 수 있다. 뒤집어 말하자면 세무 분야는 전문가로서의 면모를 어필할 수 있는 좋은 무기기도 하다. 세무 관련해서는 최근 몇 년간 많은 변화가 있는데, 이에 대한 사례별 케이스를 학습하고 자기 것으로 만들어둔다. 바로 상담과 세금 계산을 해줄 수 있다면 그것만큼 좋은 홍보 수단도 없다. 본인이 도저히 상담해줄 수 있는 수준이 아니라면 현장에서 바로 세무사와 통화해서 어느 정도 답변을 해주며 상담의 맥이 끊기지 않게 하는 것이 좋다.

임대사업자

최근 또 다른 이슈가 임대사업자와 관련된 문제다. 이 분야 역시 조금씩 학습하고 지식과 경험을 축적해두면 좋은 성과가 있을 것이다. 임대사업자의 종류, 임대사업자 만료, 임대사업자 등록 주택에서 해제됐을 때의 양도소득세 문제 등 끊임없이 정보를 파악해두기 바란다.

매도하거나 임대하도록 만드는 것도 능력

구체적인 계획 없이 상담하는 고객에게 정확하고 시기 적절한 상담으로 좋은 평가를 받게 되면 생각지도 않던 성과를 만들 수 있다. 여러 가지 정보를 받아내고 그것을 종합해서 어떤 솔루션이 있는지 제시하는 것으로 진정한 부동산 컨설팅을 하는 것이다.

경매, 공매 사이트를 활용하라

현장에 있다 보면 경매, 공매로 매각 진행 중에 있는 경매 매물에 대한 문의가 의외로 많다. 어느 정도 가격에 입찰을 해야 하는지, 바로 매각한다면 어느 정도 금액에 가능한지, 임대를 준다면 시세가 어떻게 되는지 등을 파악하려는 것이다.

이에 대응하려면 중개업자로서 1주일에 1번 정도라도 대법원 경매 사이트와 온비드 공매 사이트에서 내 업무 지역의 입찰 예정 매물이 어떤 것이 있는지 파악해두면 좋다. 급매를 찾는 손님이 있을 경우 입찰해보도록 소개해줘도 좋다.

예고 없는 문의에 대응할 때에도 이런 준비는 필요하다. 또, 입찰을 준비하는 고객이 의도를 숨기고 일반고객처럼 가장해서 상담을 받는 경우에도 필요하다. 입찰하려는 사람은 경매, 공매 때문에 중개사무소에 방문하면 문전박대를 당하는 경우가 많다 보니 그 의도를 숨기고 접근한다. 중개업자는 그런 의도가 파악되더라도 직설적으로 거부감을 표시하거나 쫓아내기보다는 최선을 다해 상담해주는 것이 좋다. 당장 중개에 도움이 안 된다고 해도 좋은 관계를 만들어놓으면 누군가는 낙찰을 받게 될 것이고, 명도를 마치거나 마치기 전 중개의뢰를 해올 수 있기 때문이다. 일반매물을 접수받는 것보다는 피곤한 일이지만 누가 낙찰받을지 모르는 상황에서 다른 중개업자보다 먼저 고객과 친밀감을 형성한다면 독점 매물을 확보할 수도 있다. 따라서 입찰 대행의 수준까지는 아니더라도 경매, 공매에 대한 절차와 여러 가지 법률적인 사항에 대해 미리 무장하고 있으면 나만의 무기가 될 수 있다. 필자의 경우 경매를 업으로 삼는 여러 고객을 관리해서 꾸준한 매물 확보가 가능했던 경험이 있다. 중개사무소 매출에 도움이 되는 것은 말할 필요도 없다.

팩스, 이메일, 등기사항증명서를 위해 찾는 손님

중개사무소를 운영할 때 가장 귀찮게 하는 손님은 팩스 송수신 부탁, 이메일 발송 부탁, 등기사항증명서 발급 부탁(발급할 줄 몰라서이기도 하고 700원이 아까워서 그렇기도 하다) 등을 하는 경우다. 그러나 이런 경우에도 아주 바쁜 경우가 아니라면 대응해주는 것이 좋다. 팩스 내용이나 등기사항증명서 등을 보고 잠시 대기하는 동안 여러 가지 이야기를 하다 보면 서로 친분을 만들 수 있고 결과적으로 매물을 접수하고 가는 경우도 매우 많다.

매물을 더 확보하기 위한 노력

1. 직접 방문 : 내가 가진 좋은 매물을 경쟁 중개업자에게 노출시키면

안 된다. 하지만 내가 가지지 않은 좋은 매물을 고객에게 제시하기 위해 직접 해당 매물지에 방문해서 매물을 확보하는 것은 매우 중요하다.

2. **입주자 명단 확보 :** 대부분의 오래된 중개업자들은 해당 지역의 아파트 입주자 명단을 가지고 있다. 따라서 할 수만 있다면 이러한 데이터를 확보하는 것도 업무에 도움이 된다.

3. **기존 고객을 통한 주변 매물 확보 :** 고객 중에 해당 단지에서 마당발인 사람들이 있다. 의외로 그들을 통해서 여러 가지 정보를 얻을 수 있고 때로는 매물을 확보할 수도 있다.

매물접수 후 해야 할 중요한 업무

우대빵 중개시스템에서는 매물을 접수받고 바로 등기사항증명서를 발급받아 시스템에 등록하게 되어 있다. 네이버 집주인 인증 매물 광고 때문이기도 하다. 일반중개사무소라고 해도 이를 습관처럼 하는 것이 좋다. 이때 등기사항증명서를 발급해서 기본적인 내용만(소유자, 근저당 등) 볼 것이 아니라 '말소사항 포함' 옵션으로 발급받아서 그 내용을 깊이 있게 분석하고 살펴본다. 그러면 해당 아파트와 관련된 내력을 알수 있다. 언제, 얼마에 취득했는지, 분양을 받았는지 증여나 상속을 받았는지, 소유자가 몇 명인지, 왜 팔려고 하는지 등 등기사항증명서를 보는 방법을 알고 있다면 다양한 정보를 확인할 수 있다. 이 내용을 흘

리지 말고 나름의 방법으로 정리를 해두고 숙지하면 매물을 거래시킬 수 있는 다양한 전략을 수립할 수 있다. 사례를 들면 다음과 같다.

- 오래전 분양(일반분양은 소유권이전 등기, 조합원분은 소유권 보존등기)을 받았다면 현재 시세보다 많이 저렴하게 취득했을 것이다. 그러면 가격 면에서 조율의 가능성이 높다. 반면 거주지를 바꾸는 것에 대해 매우 보수적인 사람이라서 의뢰를 하긴 했으나 계약 단계에서 매각이 쉽지 않을 수 있다는 양면성을 추론해볼 수도 있다. 이런 고객은 애초부터 여러 가지 방법으로 고객과 관계를 유지해서 진정한 의사를 확인할 수 있도록 작업하는 것이 좋다.
- 조합아파트이지만 일반분양분으로 취득했다면 그 아파트의 내부 자재나 디자인이 차별화되어 있고 나름 자부심을 가지고 있을 것이다. 취득가격도 조합원에 비해 비싼 것이 일반적이다. 그러므로 상담 시에 다소 소유자의 편에서 추임새를 넣어주고 좋은 평을 해주면 좋다.
- 상속을 받았는데 소유자가 많을 경우 공동 소유자들 간의 의견 조율은 힘들다. 하지만 대부분의 경우 상속인들 간 공동명의라는 것을 불편해한다. 언젠가 분할할 것이라면 빨리 했으면 하는 게 인지상정이다. 이런 매물은 상대적으로 가격 조율이 편할 수 있다. 그리고 상담을 통해서 소유자들 중 의사 결정권을 가장 크게 가지고 있는 사람을 파악하는 것도 중요하다.
- 부부 간의 재산 분할을 위한 가처분 등기된 매물은 중개업자 입장

에서는 아주 좋은 매물이다. 이 소유자는 재산 분할 소송 진행 중인 것이며 빠른 처분을 원할 가능성이 높다. 물론 이러한 이력은 집을 구경하는 손님에게는 미리 알릴 필요는 없다. 좋지 않은 일로 내놓은 매물이라는 것을 알면 좋은 시선으로 보는 고객은 없다.

- 경매, 공매 진행 중인 매물, 가압류, 압류, 가등기, 근저당 등이 많은 매물도 중개사 입장에서 조금만 신경 쓰고 스킬을 발휘하면 쉽게 거래시킬 수 있는 매물이다. 소유자는 강제경매, 임의경매, 공매 등으로 매각되면 헐값으로 매각되고 오히려 채무를 100% 탕감 못할 수 있는 위험이 있다. 그래서 매각 예정가와 시세 사이에서 가장 좋은 조건으로 매각하기를 원할 것이다. 다만, 매수자가 이 내용을 알고 불안해하거나 어떻게 접근할지 모를 때 중개사의 역할이 커지게 된다. 미리 계약금을 주되(보통은 매매가격의 10%보다 적은 금액으로 진행한다) 계약금은 일부 채무를 상환하는 데 쓰거나 경매를 취하하는 비용으로 쓴다. 그게 불가능하다면 계약금은 매도인에게 주었다가 중개사나 법무사가 보관을 하는 방법으로 안전성을 담보한다. 경매 진행 중인 매물을 중개할 때는 보통의 매매 건보다 빨리 잔금 기일을 잡게 되는데, 이 과정에서 매도자도 알 수 없는 여타의 채무 때문에 추가적인 등기가 설정되어 거래 계약에 문제가 발생할 것을 우려한다면 상호 합의하에 잔금 전 소유권을 매수자에게 넘겨주는 것도 가능한 기법이다.

- 은행 채무가 많은 경우 그리고 당장 처분할 계획이 없는 매물일 경우 근저당 설정 이후 3년 정도 경과해서 중도상환수수료가 없다

고 판단되면 변동금리인지, 고정금리인지, 원금상환 중인지, 금리는 몇 %인지(소유자가 금리를 모르는 경우가 비일비재하다. 현재 얼마나 이자를 내고 있는지 물어보고 역산해보면 대충 금리를 알 수 있다. 이를 알려주면 된다. 원금 상환 중이면 원리금 계산기를 통해 계산해줄 수도 있다) 파악해서 알려주면 좋다.

중개업자는 여기서 끝내면 안 되고 현재 시중금리가 소유자의 대출 조건보다 유리한 상황이면 대출을 갈아타도록 유도하는 것도 좋다. 이를 통해 조금이라도 이자 부담을 줄여준다면 소유자는 두고두고 중개사에게 고마움을 표시할 것이다. 업무 경험상 고객들은 아주 큰 금액의 차이에 대해서는 관대하지만, 오히려 소소한 금액 차이를 크게 받아들이는 경향이 있다. 이를 위해 중개업자는 대출 관련해서 상담사의 영역으로만 생각하지 말고 금리의 추이, 시점에 따른 변동금리와 고정금리의 유불리, 각 시중 은행별 대출 조건 추이를 항상 염두에 두거나 각 은행의 대출 상담사와의 관계를 돈독히 해둬야 한다.

- 신탁 소유 매물 : 먼저 신탁의 종류를 파악하고 매물접수자가 처분이나 임대에 대한 권한이 있는지 확인해야 한다. 경우에 따라 신탁 원부를 발급받아 거래 계약 시 안전성을 확보하고 중개해야 한다.

이상과 같이 소유자에게 듣지 못한 정보를 나름대로 파악하고 분석할 줄 알아야 일반중개업자보다 월등한 실력을 갖추게 된다. 결과적으로 중개사무소 운영에 많은 도움이 될 것이다. 꾸준한 매출에도 기여함은 말할 필요도 없다. 경매도 NPL 등 특수 경매 물건에 의외로 큰 시장이 있듯이 일반매물도 분석할 수 있는 능력 여부에 따라 성패가 갈리는 것이다.

매물을 구하는 손님도 매물 내놓을 후보자

매물을 구하는 손님 중에도 아직 거주 중인 집을 처분하지 못했거나 임대 만기가 되지 않은 상태에서 미리 이사하고자 하는 집을 알아보는 경우도 있다. 이럴 때는 매물을 보여주거나 상담한 이후에 손님이 보유 중이거나 임대로 거주 중인 집이 어떤 것인지 확인해두면 좋다. 특히 우대빵처럼 넓은 지역을 커버하는 서비스를 하고 있다면 다른 지점과 가맹점을 통해서라도 먼저 손님의 집을 처리하고 나서 이사할 집도 거래시킬 수 있도록 유도하면 접수받은 매물의 거래 성사 가능성을 높일 수 있다.

네이버 광고와 앱 매물 광고도 매물 내놓는 사람을 노려라

할 수만 있다면 저렴한 매물과 비싼 매물을 모두 광고에 올려야 한다. 왜냐하면 매수자, 임차인만 광고매물을 보는 것이 아니기 때문이다. 매물을 내놓을 사람들은 전화와 방문을 하기 전에 광고에서 정보를 얻고 그 이후 전화와 방문을 하는 경우가 많다. 그들도 내가 올리는 매물 광고를 본다는 생각으로 업무해야 한다. 따라서 매물 광고는 하나하나 신경을 써야 하지만 내가 올릴 수 있는 최대한의 개수를 등록하는 것이 좋다. 광고비는 절대 아끼면 안 된다. 서글픈 이야기지만 광고 개수만으로도 중개업자가 업무를 성실히 하는지 판단하기도 하기 때문이다.

특히 유의할 것은 단독 매물일 경우에는 가급적 호수를 오픈하지 않거나 층 정보도 숨기는 것이 좋다. 주변 중개사무소들도 수년간 축적한 고객 정보를 가지고 있다. 내가 광고한 매물 정보를 보고 그들에게 내놓지 않은 매물의 소유자에게 연락해서 매물 확보를 하려고 시도한다. 그들은 소유자가 아니더라도 임차인, 관리사무소 등에 문의하거나 직접 방문을 통해서 끊임없이 매물 확보를 시도하므로 이에 대한 견제도 중요하다.

상담을 할 때에 소유자가 매수자, 임차인으로 가장해서 문의하는 경우도 매우 많다. 상담 말미에 또는 깊이 있게 이야기를 하다가 신뢰감이 생긴다 했을 때 말을 뒤집어 매물을 내놓는 경우도 많다. 이러한 가능성도 염두에 두고 매물이나 해당 단지를 너무 깎아내리거나 비판하는 등의 행위는 조심해야 한다.

매물 사후
관리 솔루션

매물도 관리하고 가꾸어야 보배

매물을 접수했다고 그것으로 끝나는 것이 아니다. 각 케이스별로 어떻게 해야 더 거래하기 쉬운 매물로 만들 수 있는지 설명하겠다.

우대빵 중개시스템에서는 관리 요망 매물과 추천 매물을 지정하고 있다. 임차인의 만기가 많이 남지 않아 급하거나 임차인이 계약 갱신 요구권을 행사할 수 있는 등 빠른 거래가 요구되는 매물인 경우, 양도 소득세 문제 때문에 서둘러야 하는 매물을 관리 요망 매물로 지정하게 된다. 이러한 매물은 따로 관리를 해주는 것이 좋다. 추천 매물은 우대빵의 단독 매물일 경우, 상대적으로 저렴한 매물일 경우, 경쟁적으로 여러 중개사무소에 내놓은 경우 등에 지정해서 항상 우선적으로 관리하는 것이 좋다. 특히 네이버 부동산은 수시로 방문해서 내가 가진 매물의 조건이 다른 중개업자의 매물과 비교해서 변경되지 않았나 확인해야 한다.

고객이 단독으로 매물을 내놓았다면(우대빵에서는 단독매물일 경우 중개보수를 추가 DC하고 있다) 이 역시 마찬가지다. 매물의 정보를 광고할 때에도 공개 정보를 최소화해야 매물의 유출을 막을 수 있다.

장기적으로 거래 시기를 봐야 하는 매물의 경우에도 당장 거래가 힘들다고 무신경할 게 아니라 1주일 단위이든, 1개월 단위이든 기간을 두고 연락하고 신변잡기와 관련된 이야기라도 서로 공감대를 가져가며 변화되는 상황을 파악할 필요가 있다. 고객과 친분이 쌓이면 다른 중개사무소에서 얼마나 빈번히 방문을 하는지, 가격 등 거래를 빨리 하기 위해 어떤 시도들을 하고 있는지 체크하는 데에도 도움이 된다.

매물을 내놓았다가 거둬들였다면 이 또한 다시 내 매물로 만들기 위해 플랜을 가지고 접근해야 한다. 이 작업의 전제는 매물을 거둬들일 때에 어떤 동기로 그런 판단을 했는지 파악하는 게 중요하다. 우대빵 중개시스템에서는 그 내용은 관리자페이지 매물 정보에 업데이트 할 수 있다. 해당 조건이 충족되면 발 빠르게 작업해서 거래를 성사시킬 수도 있다.

거래를 마친 고객도 단골로 만들어라

본인이 매매, 임대 등의 거래를 했다면 이 고객은 무조건 다른 중개업자와 접촉을 끊게 만들어야 한다. 매매의 경우 비과세 요건이 충족됐을 때 안내하는 전략, 임대의 경우 만기에 상담하는 전략 등으로 다시 매물로 확보하기 위해서 다양한 공략 포인트를 체크해두기 바란다.

고객이 넘치는
부동산 중개사무소
만들기

부동산 중개업
전문가 이미지 만들기

전문가의 면모를 보여라

이번 파트에서 기술하는 모든 것들이 충족된다면 여러분은 전문가의 면모를 갖추게 될 것이다. 중개업자로서 이러한 마인드를 제안하고 싶다. "고객에게 인정받기보다 먼저 본인 스스로 만족할 만한 중개업자가 되어라." 고객에게 인정받는 건 당연히 중요하다. 하지만 그 이전에 스스로 전문가라 자부하고 납득할 만한 중개업자가 되도록 노력하기 바란다. 타인이 인정하지 않더라도 스스로 자존감을 느끼고 만족한다면 더 자신 있게 일할 수 있을 것이다.

고객의 지갑에 있는 돈을 끄집어내려면 납득할 만한 서비스를 제공해야 한다. 단순히 매물 가격이 얼마이고, 중개보수 요율이 얼마이니 내 수입이 얼마라는 1차원적인 계산과 접근 방식은 절대 오래갈 수 없는 것임을 명심하기 바란다. 주변에서 독보적인 위치에서 일하는 중개업자를 보면 그들만의 +a가 있다. 여러분도 그들처럼 강력한 무기를 갖춰나가기 바란다.

근태관리는 직장 생활보다 더 중요하다

예약에 대한 문화가 많이 달라지고 노쇼(No-Show)에 대한 의식이 과거에 비해 나아졌다고는 한다. 하지만 아직 부동산 중개사무소에 방문하는 고객들은 예약을 하고 방문하기는커녕 예약을 했더라도 그것을 꼭 지켜야 한다고 생각하는 경우는 드물다. 예약 취소 연락을 하지 않는 것은 말할 것도 없다. 오히려 날을 잡아 작정하고 비슷한 시간대에 한꺼번에 여러 중개사무소에 예약을 해두고 동일한 매물을 보게 되거나 시간이 모자라 아예 늦을 경우는 연락조차 받지 않는 경우가 비일비재하다. 그런 고객이 예약을 잡으면 그 지역 중개업자들과 매물을 내놓은 고객들은 큰 난리가 난다. 개별 중개업자들은 고객이 중복되게 약속을 잡았다는 것을 모르므로 같은 매물을 여러 중개사무소에서 시간 차를 두고 예약을 하게 되며, 집주인들은 한꺼번에 여러 손님이 몰린다고 생각하게 된다. 경우에 따라서는 이를 잘못 이해해서 매물을 거두는 상황이 발생하기도 한다. 또 상담을 위해 예약 없이 직접 방문할 경우 사무소에 근무자가 없거나 문이 잠겨 있으면 연락하는 것은 고사하고 바로 다른 부동산 중개사무소로 가버리기 마련이다. 이렇게 해서 바로 거래 가능한 매물의 계약 건을 인접 중개사무소에 빼앗기는 경우도 비일비재하다.

고객들은 아주 이상하고 이기적인 심리를 가지고 있다. 내가 매물을 내놓았을 때 예약 없이 즉시 보여달라 하면 거부감이 큰 반면, 본인이 매물을 보러갈 때에는 "매물을 내놨으면 비밀번호라도 알려주고 바로 보여줘야지"라며 즉시 보기를 원하는 이율배반적인 마음이다.

따라서 중개사무소에 근무할 때 특별한 사정이 없는 한 매일 동일한 시간에 출근과 퇴근을 하는 것이 매우 중요하다. 또 업무로 인해 외부에 있게 되어 사무소를 비울 경우에는 출입문에 연락처와 외출 사유 등을 게시해둬 긴급히 방문한 고객에게 안내를 하는 것이 좋다. 그래야 목적을 가지고 방문한 고객을 놓치는 일을 조금이라도 막을 수 있다.

또 방문 예약을 받을 때에 다른 중개사무소에도 방문할 것인지를 체크해서 가급적 내 사무소에 먼저 방문하도록 만들어 보여줄 수 있는 매물은 최대한 많이 보여줘야 노력하고 고생한 결과물을 얻을 수 있다.

고객들은 암암리에 나의 근무 태도를 지켜보고 있다

아파트 단지 내 상가에 사무소가 있는 경우에는 주민들과 늘 마주치게 된다. 일상적으로 사무소에 언제 출근하고 퇴근하는지 보여주게 되므로 고객들은 본인이 필요해서 중개사무소를 찾을 때 평소 출퇴근 시간이 일정한 중개사무소에 막연한 신뢰를 가지는 경향이 있다. 하루 이

틀 만에 만들어지는 일이 아니므로 중개사무소를 운영하는 중개업자는 이를 항상 신경 쓸 필요가 있다.

복장 관리

중개사무소 근무 복장에 정해진 규칙은 없지만, 근무자의 복장에 따라 방문하는 손님들의 태도도 달라지기 마련이다. 또 근무자 본인도 복장에 따라 업무에 임하는 자세가 달라진다. 요즘 시대에는 성별과 무관하게 매우 격식을 갖춘 정장까지는 아니더라도 깔끔하고 단정한 세미 캐주얼 정장 정도는 갖추는 것이 좋겠다. 경우에 따라 골프웨어, 레저웨어, 등산복 차림을 하는 경우, 구겨진 면바지나 청바지에 티셔츠를 입고 있는 경우도 있는데, 이는 업무에 임할 때의 마음가짐에도, 방문하는 사람에게도 모두 좋아 보이지 않는다. 과도한 헤어스타일, 화장, 향수, 귀금속 등도 고객의 입장에서 다시 생각해보기 바란다.

사무소 인테리어

사무소는 고객에게는 첫인상이며 중개업자에게는 효율적으로 일할 수 있는 공간이어야 한다. 시선이 분산되지 않도록 너무 화려한 인테리어, 치장보다는 깔끔하고 정갈한 사무소로 꾸미면 좋을 것이고, 업무

동선까지 고려해서 적절하고 효율적인 업무가 가능하도록 만들어두기 바란다.

사무소에서 회식이나 술자리를?

사무소는 사무소 용도로만 사용해야 한다. 손님이 청해서 함께 식사하는 정도라면 몰라도 그 자리를 손님이나 지인들과의 긴 회식이나 술자리로 이용하는 경우가 있는데, 이런 모습은 그 중개사무소에 대한 나쁜 인식과 좋지 않은 소문의 근원이 된다. 사무소를 항상 청결하고 쾌적하게 유지하고 사적인 모임은 자제하는 것이 좋다.

모든 사람이
고객이다

다른 중개업자도 고객이다

주변의 중개업자도 엄밀히 따지면 고객이다. 내가 그 중개업자의 매물에 손님을 소개하는 경우, 또 그 반대의 경우 모두 마찬가지다. 함께 대화하기조차 싫은 사람에게 좋은 매물을 보여주고 손님을 붙이는 일은 쉽지 않은 것이다. 따라서 손님에게는 물론이고 중개업자 간에도 전문가의 면모를 보여주는 것이 중요하다. 중개업자 간에는 탐색전도 심하지만, 공동중개를 하면 제대로 된 매물(업계 용어로 "출발 가능"한 매물) 정보를 제공받을 수 있다. 계약을 진행할 때에도 실수하거나 하자가 생기지 않는다는 믿음을 주면, 그 중개업자와 꾸준한 거래가 가능하게 된다. 고객이 내가 보유한 매물에는 관심이 없고 다른 매물을 찾거나 스스로 검색해서 다른 중개업자가 보유한 매물에 관심을 가진다면 이때에 좋은 관계를 가진 중개업자가 큰 도움이 될 수 있다.

상가 입주자들도 고객이다

상가 입주자들과의 유대관계에도 신경을 써야 한다. 가능하다면 입점한 중개사무소와도 잘 지내면 좋다. 식당, 편의점, 슈퍼, 세탁소, 학원, 미용실 등 웬만한 상가라면 입점해 있는 업종들이 있는데, 이 업소의 업주들과의 관계가 매우 중요하다. 의외로 그 업소에서는 고객들과 함께 중개사무소에 대한 선호도 평가, 호평, 비평 등을 많이 하게 된다. 따라서 너무 도도하게 보이거나 너무 비굴하게 굴거나 할 필요 없이 항상 같은 모습과 자세로 업주들을 대한다. 당장 도움이 되지 않는 요청이 있다 해도 성심껏 대응해주다 보면 암암리에 좋은 소문을 내주게 된다. 이러한 입소문 중에서 나쁜 소문은 상상 외로 빠르게, 널리 퍼지므로 매우 유의해야 한다. 또 생각하지 못했던 고객의 정보를 제공하는 경우도 많으므로 이것을 업무에 활용해도 좋다.

필자의 경우 필자의 업무 지역에서 조그맣고 허름한 열쇠, 도장 매장을 운영하는 분과 꽤 오래 관계를 맺고 있었다. 중개사무소와 관련된 업무가 많이 있기 때문이다. 그런데 몇 년 후 지나고 보니 그분은 꽤 비싼 강남의 아파트를 여러 채 보유하고 임대사업을 하고 있는 자산가였다. 열쇠, 도장 문제로 손님을 소개해주기도 하고 또 경매 시 명도를 위한 개문 업무나 도어락 고장 등으로 분쟁이 생길 때마다 도움도 청하고 일처리를 했다. 필자의 일 처리 방식을 수년간 지켜본 그 사장님은 그 지역에 있는 수많은 중개사무소를 배제하고 필자에게 본인의 임대 물건을 의뢰했다. 본인 가족들의 모든 거래 건까지도 맡겼다. 그분은 지역 중개업자들에게 왜 필자가 운영하는 중개사무소에만 매물을 내놓고 중개 의뢰를 하냐는 핀잔을 받으면서도 지속적인 거래를 할 수 있었다. 또 그 매장에 방문하는 많은 손님들을 소개해줘 필자가 운영하는 중개사무소의 매출에도 적지 않은 도움을 줬다. 만약 그분의 직업, 매장의 크기, 평소의 모습만을 보고 갑을 관계로만 생각했다면 아주 중요한 고객을 놓칠 수도 있었을 것이다. 그들도 고객이다!

아파트 관리사무소도 고객이다

아파트 관리사무소와 친해져야 한다. 관리사무소와 연락하는 빈도는 아무래도 해당 단지에 입점한 중개사무소들이 더 많다. 그래서 상대적으로 자주 연락하지 않는 중개사무소에는 조금이나마 배타적인 경향이 있다. 이때에 관리사무소 직원과 충돌을 일으키지 말고 최대한 점잖게 사정을 이야기하고 합리적으로 풀어가려고 노력해야 한다. 언젠가는 그들의 도움이 필요한 일이 반드시 생긴다. 또한 관리소장을 포함해서 직원들은 관공서 못지않게 보수적이고 복지부동하다는 느낌을 많이 받게 된다. 그 원인은 주민들의 민원이나 요청사항에 매우 시달리고 민감하게 반응해야 하는 조직이기 때문이다. 그러므로 그런 애로사항을 파고들어 대화와 대면을 하다 보면 좋은 관계를 유지할 수도 있다.

본질을 벗어난 이야기이지만 관리사무소 직원도 손님이 될 수 있다. 그들이 업무상 접해본 중개사무소 중 계약을 많이 하고 일처리를 똑 부러지게 한다고 판단하면 그 직원이 내 손님이 되는 경우도 많다.

고객 관리의 기본

고객의 정보를 기억하라(전화번호, 거래 매물, 나이, 가족관계, 직업 등)

머릿속에 고객의 모든 정보를 기억해둘 수는 없다. 다만 기억하려고 노력은 해야 하며 과거의 상담 내용, 매물 동 호수, 나이, 직업 등에 대해서는 알고 있어야 대화의 맥락이 끊기지 않고 대응할 수 있다. 기억하기 어렵다면 어떤 방법이든 활용해서 기록해둬야 한다.

이것이 중요한 이유는 다른 중개사무소와의 차별성이 필요하기 때문이다. 여러 중개사무소를 방문해봐도 받지 못한 대접을 받고 자신의 여러 가지를 기억해주는 중개사무소에는 조금씩 마음을 열고 충성도를 가지기 마련이다.

고객의 기념일을 활용하라

필자 생각에 고객의 생일, 결혼기념일 등까지 챙기는 것은 오버센스라고 본다. 그러나 고객이 결혼을 앞두고 아파트를 구하거나 가까운 시일 내에 출산이 임박했거나 고객의 가족 중 갑작스러운 부고를 들었다면 결혼 축의금이든 신생아 내복이든 부의금이든 준비해 드리면 좋다. 너무 과할 필요도 없고 성심껏 하게 되면 영업상 한다는 냄새를 풍기지 않고 돈을 들여 고객과 친분을 유지하려 한다는 오해도 받지 않을 수 있다. 기쁨과 슬픔에 공감한다는 표시로서 고객도 부담스럽게 생각하지 않는다.

한 번 놓친 고객도 기억하라

중개업자로서 최선을 다했지만 고객과 인연이 닿지 않아 거래 계약을 놓치는 경우도 비일비재하다. 대부분의 고객은 계약 성사 여부와 관계없이 노력한 중개업자에 대한 미안한 마음을 가지게 된다. 이때에 서운한 감정을 보이기보다는 축하하고 환영하며 후일을 도모해두기 바란다. 임대라면 2년 후 상담을 해준다거나 매매라면 비과세 요건이나 세무 관련 주기적인 상담으로 계속 인연을 이어나가면 좋을 것이다.

중개업자로서 한 장소에서 1, 2년 중개업을 하고 말 것이 아니라면 빠른 거래는 그 거래대로, 시간이 걸리는 작업은 걸리는 대로 상황에 맞춰 대응을 해야 하며 한 번 놓친 고객은 다시는 놓치지 않겠다는 마음으로 정성을 더 쏟아야 한다.

항상 겸손하라

고객을 대하는 태도는 항상 똑같은 자세, 똑같은 억양, 똑같은 마음으로 하기 바란다. 다른 중개사무소에도 방문하고 거기서 거래를 하고 이리저리 마음을 바꾸고 힘들게 한다고 해도 평정심을 잃지 않아야 한다.

반대 입장에서 생각해보면 수많은 중개사무소 중에서 내 사무소를 찾아준 고객에게 고맙다고 생각하는 마인드를 가지는 것이 좋다. 더구나 가격이 적지 않은 매물을 거래하기 위해 방문하는 사람은 여러 가지를 따질 수밖에 없다는 너그러운 마음을 가지는 것이 좋다.

또 다른 중개업자 또는 고객과 대화할 때에는 내가 계약 건수가 많고 매출이 많아도 아닌 척, 그렇지 않아도 많은 척해야 한다. 고객 입장에서는 일을 많이 하지 못하는 중개업자에게 업무 의뢰를 하고 싶지는 않은 마음이 드는 게 일반적이다. 자기 매물을 얼마나 좋은 조건으로 원하는 시점에 거래할 수 있는지 보는 것이기 때문이다. 그러나 거래 계약 이후 너무 일을 많이 한다는 느낌도 주어서는 안 된다. 만족스럽게 계약을 했더라도 이제 고객은 중개보수를 아끼고 싶기 때문이다. 고객이 많고 매출이 많은 중개사무소에서 이 정도 금액도 할인해주지 못하느냐는 이중적인 생각을 하게 마련이다.

중개업자 간에도 마찬가지다. 업무를 잘하고 고객이 많아 진행 중인 업무가 많고 계약을 많이 하는 중개업자에게 손님을 연결하거나 매물을 보여주고 싶기는 하지만, 한편으로 어느 시점부터는 시기와 질투를 하게 되어 좋은 매물을 소개하는 것을 기피하고 손님이 있을 때 나와 같은 매물을 가지고 있는 다른 중개사무소에 연락하는 경우가 많아지게 된다. 중개업자들의 공통된 습성은 매물이 다른 곳에서 거래가 되었을 때 소유자에게 전화해서 얼마에 거래했는지도 물어보지만 어느 중개업소가 했고 공동중개로 했는지, 단독중개로 했는지를 더 궁금해한다. 경쟁하는 중개사무소가 해당 거래 건으로 얼마의 매출을 올렸는지 추정하기 위해서다. 따라서 내가 계약을 많이 하고 매출이 많다 해서 그것을 알릴 필요는 없다. 부진하다 해서 그것을 알릴 필요도 없다. 항상 꾸준한 모습을 보여주는 것이 중요하다.

계약 못지않은 잔금의 중요성

거래 계약을 성사시키고 나서 잔금까지의 관리는 매우 중요하다. 고객들의 입장에서는 인생에서 매우 중차대한 일 중의 하나가 주택을 거래하고 이사를 하는 문제(이사는 직장으로의 출퇴근 문제, 학교 및 학원의 문제, 생활 환경의 변화 등 매우 스트레스를 받는 일이다)다. 이때 잡아놓은 고기라고 생각해서 무신경한 태도로 응대하면 고객은 한 번의 거래로 여러분과 인연을 끊을 가능성이 높다. 거기서 그치기만 하는 것이 아니라 만족스러운 응대를 못함으로써 안티가 되고 악성 구전 효과를 만들 가능성이 매우 크다. 일반인들이 중개업자라는 직업에 대해 거부감을 느끼는 부분은 허위매물 정보 다음으로 이 부분에서 많은 빈도를 차지한다.

따라서 이 부분에서 최선을 다한다는 모습을 어필한다면 그 고객을 오랫동안 관리할 수 있는 사람으로 만들 수 있다. 잔금 때는 고객의 신경이 가장 예민해진다. 따라서 고객의 요청이 오기 전에 미리 고객에게 문자 또는 통화로 잔금 및 이사 진행사항에 대해 문의하고 문제점이나 도울 점이 있는지 여러 가지로 살피는 것이 중요하다.

잔금 때는 중개업자 역시 매우 바빠진다. 새로운 계약을 성립시키기 위해 노력하는 것은 당연하지만, 조금이라도 시간을 내어 잔금을 앞둔 계약 건에 대해 최대한 많이 살피는 것이 중요하다.

이러한 일련의 노력은 최고의 만족을 제공함으로써 고객과 후일을 도모하고 재방문을 하도록 만들 수 있는 가장 쉽고도 중요한 방편이다. 잔금 시점에서 만족을 느낀 고객은 반드시 다시 찾아올 수 있다는 것을 기억하자. 또한 그들의 구전 마케팅으로 소개를 받아올 수 있는 가망고객도 매우 많음을 기억하자.

잔금과 동시에 이사가 있다면 가급적 오전에 미리 방문하면 좋다. 이삿짐을 챙기고 있을 때 살고 있던 사람의 경계심이 많이 낮아진 상태이며 중대한 하자가 있는지 살펴볼 수 있는 좋은 기회다. 하자나 보수해야 할 부분을 미리 체크하고 잔금 때에 대두될 수 있는 문제에 대해 미리 대응 준비를 해두면 생각지도 못한 문제를 해결하는 것보다 훨씬 편하게 잔금을 마무리할 수 있다. 그리고 무엇보다 중요한 것은 잔금을 빨리 끝내야 다른 업무를 빨리, 연속성 있게 할 수 있다는 점이다.

매물지가 아닌데 잔금을 요청받는 경우

공동중개일 경우 매물지에서 잔금을 하는 것이 일반적이다. 그러나 손님의 요청 또는 상대방 부동산 중개사무소의 요청으로 본인의 사무소에서 하게 될 경우 전혀 불편하고 힘들게 생각할 이유가 없다. 일단 다른 부동산 중개사무소로 나갈 필요가 없어서 시간을 아낄 수 있다. 또 내 사무소에서 잔금을 하게 되면 내 페이스대로 끌고 갈 수 있다. 혼자 근무하는 경우에는 사무소를 비울 필요가 없다는 장점이 있다. 물론 잔금 업무를 준비하고 신경 쓸 일이 많겠지만 꼼꼼하고 세밀하게 업무하는 내 실력을 보여주고 거래 당사자를 모두 내 고객으로 만들 수 있는 절호의 기회다. 이 과정에서 매끄럽고 순조롭게 잔금을 마치게 되면 기대 이상의 부수적인 효과를 만들 수 있다.

잔금 이후 해피콜을 활용하라

잔금을 치르고 난 다음 매수인이 입주하거나 임차인이 입주했을 때 거래 상대방과 중개업자에 대해 만족스럽게 생각할 수도 있지만 그 반대의 경우도 많다. 이때가 고객의 마음을 다시 한번 얻을 수 있는 중요한 시점이다. 방문까지는 아니더라도 사무소에 잠깐 들러달라고 청하거나 전화 통화라도 하자. 고객이 이사는 잘 마무리했는지, 불편하고 만족스럽지 못한 것이 무엇인지 의견을 들어보고 그에 대해 어떻게 대응하는 게 좋은지 조언해주자. 중개업자가 해줄 수 있는 사항이 있는지 그에 맞게 대응을 하면 그로 인해 고마운 마음을 가진 고객은 매우 감동받고 신뢰를 갖게 된다. 또 적은 비용으로 해결해줄 수 있는 것은 거래 상대방에게 구구절절이 요구하기보다는 중개업자가 해결해주고 생색을 내면 양 측에 매우 좋은 인상을 줄 수 있다.

비과세 요건을 갖춘 소유자, 만기가 가까워 온 임대인 및 임차인을 공략하라

비과세 요건을 갖춘 소유자 공략

내가 중개를 했고 고객의 보유 시점을 명확히 알고 있다면, 그 소유자가 언제 비과세 요건을 갖추는지도 알 수 있다. 이때 비과세 요건을 갖췄으니 무조건 매각할 생각이 있는지, 또는 매각을 유도하려고만 하지 말고 작품을 만들 듯이 치밀한 전략이 필요하다. 현재 매물을 보유하도록 계약을 성립시켰지만 그때와 지금의 달라진 시장 상황, 그리고 새롭고 좋은 매물 취득의 기회 요소, 정말 소개해볼 만한 매물을 정리해서 종합적으로 고객에게 전달한다. 중개업자에게 과거의 만족스러운 경험을 기억하고 있다면 좋은 기회라 생각하고 응할 가능성이 있다. 본인이 어려우면 다른 지인에게 소개할 가능성도 있음을 기억해야 한다.

만기가 가까워진 임대인과 임차인 공략

중개 실무에서 의외로 연속된 계약을 만들 수 있는 상황이다. 가장 먼저 만기 연장에 대한 소유자의 의향을 물어본다. 매각을 원한다면(개정된 임대차 보호법은 논외로 한다) 상담을 잘 마무리해서 매물을 받고 임차인에게 연락한다. 임차인의 선택은 여러 가지다. 이 상황에서는 임대인과 임차인은 서로 의견 조율을 꺼려 하므로 중개업자에게 요청하는 경우가 다반사다. 임차인은 그 집을 살 수도 있고, 다른 집을 살 수도 있고, 다시 다른 집을 임차할 수도 있다. 또는 중개업자의 역량에 따라 임차인을 둔 상태에서 매수자를 구하고, 기존 임차인이 연장 계약을 할 수도 있다. 지금 열거한 여러 가지 가능성은 경험이 있는 중개업자에게는 무조건 머리에 떠오르는 상황이어야 한다. 그런데 여러분이 초보자라면 이런 상황을 그릴 수 있겠는가? 상황만 된다면 그리고 합리적인 스킬을 발휘하면 손쉽게 계약 3~4건을 만들 수 있게 된다.

만약 임대인이 계약 연장을 원한다면 임차인에게 전달해주되 임차인 역시 만기에 즈음해서 여러 가지 고민을 하고 있을 것이다. 그렇다면 임차인이 선택의 폭을 가지도록 다른 대안(매매든 임차든)을 제시해볼 수 있다. 보기에 따라 오해를 받을 수도 있지만, 모든 고객의 요구를 충족할 수 있도록 최선을 다하는 것이므로 문제될 것은 없다. 이 상황 역시 적어도 2~3개의 계약을 손쉽게 할 수 있다.

단골을 관리하라

'중개사무소에도 단골이라는 게 있나?'라는 질문을 가질 만하다. 요식업이나 생필품을 판매하는 게 아니므로 '한 번 거래한 고객이 재방문을 할까?'라는 생각을 가질 수 있다. 이는 잘못된 생각이다. 재방문의 사이클이 긴 것일 뿐 기타 업종과 다르지 않다. 1년, 2년, 3년 주기로 다시 방문하고 중개를 의뢰하는 고객이 여러 명이 있다면 급여 생활자와 같은 안정된 수익 구조를 창출하는 것이 가능하다.

고객의 입장에서는 만족할 만한 서비스를 받은 경우 가족이나 친인척, 주변 지인들에게 소개해주고 싶은 마음이 생긴다. 물론 그 기대감이 너무 높아 결과가 불만족스러울 경우 중개업자에게는 리스크가 될 수 있으나 이를 잘 활용한다면 연속해서 중개의뢰를 받을 수 있는 좋은 기회 요소가 된다. 물질적으로 고객에게 뭔가를 제공해서 관리하는 것보다 부동산 분야의 진정한 전문가라는 것을 최대한 어필하는 것이 좋다.

중개업자의 덕목

부동산 연관 분야에 전문가를 활용하라

부동산과 관련된 분야는 여러 가지가 있다. 고객과 상담을 할 때, 관련된 분야에 어느 정도 지식과 경험을 갖추고 있으면 막힘없이 상담의 연속성을 가져갈 수 있다. 해당 분야마다 전문가가 있으며 중개업자 본인과 비슷한 마인드로 고객을 대하는 전문가를 수배해서 손님을 소개하고 친분을 가져가면 중개업무를 훨씬 수월하게 할 수 있다.

1. 법무사

단순히 소유권 이전, 전세권 설정 등에서만 법무사가 필요한 것은 아니다. 여러 법률 사례를 잘 알고 있는 법무사는 분쟁이 대두되었을 때 빨리 결론을 내릴 수 있도록 조력자 역할을 해줄 수 있다.

2. 세무사

세무사는 최근에 많은 필요성이 대두된다. 변경된 세법, 임대사업자 문제 등 중개업자가 해결하거나 상담할 수 없는 일들이 많으므로 이 분야 전문가와 협조관계를 잘 만들어둬야 한다. 세무사는 반드시 부동산 분야에 경험이 많은 업체를 골라서 선택해야 한다. 또, 개별적으로 중개업자의 부가가치세 신고, 종합소득세 신고 등에서도 저렴한 비용으로 도움을 줄 수 있다.

3. 대출 상담사

법무사, 세무사와 함께 대출상담사는 계약을 신속히 클로징할 수 있는 세 분야의 전문가 중 하나다. 담보대출, 전세대출, 대환대출 등에 대해서는 은행 창구에 앉아 있는 대출 담당 직원보다 훨씬 많은 사례 경험, 대출 관련 지식을 가지고 있으므로 계약 전 단계에서 대출 문제가 대두될 때 많은 도움을 받을 수 있다.

4. 인테리어, 이삿짐센터, 입주청소

이 세 전문가 집단도 법무, 세무, 대출 못지않게 중요하다. 갑작스럽게 인테리어 보수를 해야 한다거나, 이삿짐 날짜를 잡게 되거나, 입주청소를 해야 할 때 여러 업체와 미리 친분을 가지고 있으면 적극적으로 도와줄 것이다. 물론 이들을 소개해달라는 손님의 요청이 있으면 바로 소개해주고 알려주어 그들의 매출에도 신경 쓰고 있다는 점을 보여주고 관계를 돈독히 해둬야 한다.

5. 누수, 전기문제, 설비 등

잔금 시에 늘 중개업자를 골치 아프게 만드는 문제가 있다. 이삿짐을 모두 들어내놓고 보니 생각지도 않은 곰팡이, 누수 흔적, 난방 이상, 실내 배관 문제, 환풍기 소음, 벽지 오염, 장판 훼손이나 마루 훼손 등 이루 셀 수 없는 문제점들이 대두된다. 이 부분에 대한 대응 방식이 중개계약을 마무리하는 잔금을 신속하고 정확하게 마친 다음 다른 일에 집중할 수 있으며 고객의 만족을 극대화할 수 있다.

이러한 문제점이 발생되면 즉시 전문가에게 현상을 알려주고 해결책과 비용, 책임 소재를 파악해서 중재하고 해결할 수 있다. 여기에서 어느 한쪽에 쏠리지 않는 중재를 하면 서비스를 받은 양쪽에게 만족스러운 피드백을 받을 수 있다.

따라서 잔금일에 이사가 동반될 경우에는 가급적이면 이사하고 있는 현장을 방문해서 신속히 문제점이나 보수해야 할 하자가 있는지 파악해서 미리 준비하는 것이 중요하다.

이를테면 방충망 같은 경우 이사를 들고 날 때 훼손되는 경우도 많고 사용상의 부주의, 오래되어서 부식이 되는 등 거래 당사자 간의 자잘한 분쟁 중 매우 자주 마주치게 되는 상황이다. 특히 새로 들어오는 임차인은 기본적인 심리가 은행 대출 이자내는 것은 거부감이 없지만, 임대인에게 내는 월세나 하자 보수에 들어가는 비용은 그 금액의 과소와 관계없이 매우 인색하다. 방충망은 큰 훼손이 아닌 다음에는 작은 구멍은 쉽게 메울 수 있는 저렴한 자재가 있다. 중개업자 입장에서는 미리 준비해두었다가 현장 방문 시에 메워 주면 임대인도 만족하고, 임차인도 별다른 이야기를 못하게 된다. 이러한 작지만 센스 있는 대처가 문제 예방도 되고 분쟁도 줄이며, 종국에는 중개업자가 가장 혜택을 입을 수 있는 방법이다. 필자의 경우 오래 업무를 하면서 방충망뿐 아니라 방문 손잡이, 화장실 변기 수리, 수전 교체, 실리콘 시공, 줄눈 시공 등을 할 수 있도록 나름대로 방법을 터득했다. 자칫 귀찮은 일이지만 이러한 경험과 마인드가 오히려 분쟁거리를 줄이고 업무를 빨리 마무리하는 데 도움이 되었다. 이런 일에 익숙하지 않다면 주변에 저렴하게 일처리를 해줄 수 있는 보수, 인테리어업자를 알아두면 도움이 된다.

이상과 같이 공인중개사로서 가지고 있는 지식과 경험, 센스를 겸비한 전문가 집단과의 유대관계를 맺어두면 적재적소에서 그들을 활용해서 고객관리를 용이하게 할 수 있다. 이것이 고객이 넘치는 중개사무소를 만드는 비결이 될 수 있다. 또 한 가지, 그들과의 관계를 단순한 갑을 관계로만 생각하지 말자. 전문가 집단도 해당 업무로 생계를 이어가는 사람들이므로 나를 도와주는 것을 고맙게 생각하고, 그들에게도 수입을 창출할 수 있는 기회를 많이 만들어줘야 나에 대한 충성도를 높일 수 있다. 또한 한 번 부탁하고 문의한 사항은 반복해서 하지 않기를 바란다. 반드시 내 것으로 만들어 동일한 사안이 발생했을 때 필요할 때마다 귀찮게 하는 것이 아니라 중개업자도 노력하고 있음을 보여줘야 그들과 오래 관계를 가져갈 수 있다. 사족을 달자면 그들도 많은 고객을 대하고 있으므로 인상 깊게 업무하는 중개업자에게 손님을 보내주고 매물을 내놓을 고객을 소개해주는 경우도 비일비재하다.

중개 실패에 좌절하지 말아라

중개업은 매우 외로운 직업이다. 영업의 최전선에 서 있기도 하지만 최후의 보루이기도 하다. 따라서 해결하기 어렵고 복잡한 일이 생기면 직업에 대한 회의가 들 때도 많다. 더구나 고객에게는 상당한 비중의 자산이므로 또 금전과 관련된 일이므로 의도치 않게 오해를 받거나 궁지에 몰리거나 할 때가 많다. '인간의 욕망이 모두 녹아 있는 용광로'이기 때문이다. 그러나 그 어려움을 극복하는 과정이 스스로를 한 사람의 전문가로 성장시키는 밑거름이 된다는 긍정적인 생각을 가지는 것이 좋다.

한 매물과 한 손님을 두고 하는 중개행위는 해당 건 하나 하나가 개별적인 프로젝트다. 프로젝트라고 하면 거창한 것 같지만 최초 접수 단계부터 계약의 마무리까지 놓고 보면 다양한 상황과 선택, 갈등의 반복 속에서 중개업자로서 현명하게 풀어나간 결과다. 결과적으로 중개 계약에는 실패했다고 해도 그것을 분하게 생각하고 아까워하는 것은 당연한 일이지만, 거기에 시간은 잠깐 동안만 할애하고 그 실패에서 어떤 문제가 있었는지 복기하고 다시 한번 반복하지 않도록 하는 업무 방식 개선의 방편으로 삼아야 한다.

이러한 생각과 자세로 중개업을 오래 경험한 중개업자는 시간이 갈수록 계약 실패의 확률이 낮아진다. 상황에 따라 대응하는 능력, 상대를 분석하는 시각이 노련해지기 때문이다. 그리고 업무를 할 때 한가할 때는 너무 한가하지만, 동시다발로 일이 진행되는 경우가 종종 있다.

경험 많은 중개업자는 이럴 때 각 고객에 대해 완급조절, 고객 대응 순서 부여, 중개의 디테일한 접근방식을 결정하고 시작하므로 웬만해서는 고객을 놓치지 않고 실패의 확률도 낮출 수 있다.

인력관리 및
고객응대

직원 채용 및 관리, 고용 종료

중개업을 꾸려가다 보면 항상 직면하는 문제는 일손이다. 혼자보다는 둘이, 둘보다는 셋이 업무하기에 훨씬 효율적이고 편하다. 그러나 전제조건은 서로 업무 스타일과 마인드가 잘 맞을 때에 그렇다고 할 수 있다. 잘못 고용한 사람 하나 때문에 업무를 그르치고 서로 분쟁이 생기고, 때로는 법률적인 문제로 비화되는 경우가 매우 많다. 고용하는 업주 입장에서는 채용 시 직원의 경력과 할 수 있는 업무도 봐야 한다. 서비스업으로 고객에 대한 마인드, 금전에 대한 마인드도 중요한 부분이다. 중개업도 법률 행위가 수반되는 것이므로 꼼꼼하고 철저한 태도도 중요하다고 하겠다.

고객을 유치하고 계약을 성사시키는 데에서 발생하는 매출(객단가라

우대빵과 함께하는
138 _____ 성공 부동산 중개사무소 창업

고 봐도 되겠다)이 다른 업종에 비해 크다 보니 서로 간에 논공행상을 하는 경우도 적지 않다. 필자가 보아 온 수많은 소속공인중개사나 중개보조원들은 채용 시에는 일도 배우며 열심히 하겠다고 한다. 하지만 막상 계약이 성사되면 보수가 많으니 적으니 하며 업주를 힘들게 하는 경우가 많다. 다른 업종에 비해 이직률도 매우 높은 편이다. 그들이 보기에 '재주는 곰이 부리고 돈은 왕서방이 챙긴다'는 이야기가 딱 들어맞는 것이다. 또 매물 정보와 고객 정보를 보지 않으면 업무를 할 수 없으므로 항상 정보 유출에 대해 고민할 수밖에 없다.

우대빵 중개시스템 내에서는 직원 고용 시 항상 근로계약 및 비밀유지 각서를 쓰도록 한다. 최소한의 보안 장치를 두는 것이다. 어쨌든 업주가 필요해서 고용을 했지만, 이러한 불협화음이 생기지 않도록 항상 관리하고 체크해야 한다.

업무를 해보고 함께하기 힘들다는 판단이 들면 시간을 오래 끌 필요는 없다. 업무가 적성에 맞지 않아서일 수도 있고, 고객과 빈번히 다툼이 생기거나 금전적인 부분만 너무 챙기는 사람이라면 빠른 판단을 내리는 것이 좋다.

또한, 고용시작과 종료 시에는 반드시 지자체에 철저히 신고해서 문제가 생기지 않도록 하는 것이 좋다.

업무 지시 절차

업무 지시를 할 때에는 직원의 능력과 경험에 따라 다르지만 초보자라고 전제할 때 사무소 청소 및 정리정돈 → 매물, 고객 정리 → 내방 고객 응대 → 상담(내방객, 전화) → 임장 → 계약 조율 → 계약서 작성(이후 소속공인중개사의 경우) → 계약 진행 → 잔금 등의 순으로 근무 기간과 숙련도에 따라 업무를 부여하면 되겠다.

고객 응대 방법

앞에 언급한 내용이 반복될 수도 있지만 고객을 응대하는 방법은 성공적인 중개업의 시작이자 마지막이라고 할 수 있으며 아무리 강조해도 지나치지 않다.

• **대화 방법 :** '말 한마디로 천냥 빚을 갚는다', '역지사지' 이 두 가지 속담이나 사자성어가 딱 들어맞는 일이 중개업이라고 본다. 고객은 큰 가치를 가진 부동산을 중개 의뢰하고 그에 맞는 보수를 줄 각오를 하고 있다. 응대하는 사람도 그에 맞는 정제된 언어와 품격을 갖추는 것이 맞겠다. 입에서 나오는 대로 말할 것이 아니라 한번 더 생각하고 어떻게 하면 상대방의 감정을 상하지 않으면서 메시지를 전달하고 나에게 유리한 조건으로 의뢰받을 것인지를 유의하는 습관을 들이기 바란다.

- **대화 매너 :** 필자가 고객의 입장에서 중개사무소를 방문하거나 통화하다 보면 불쾌감을 느끼는 경우가 종종 있다. 뭔가를 입에 물고 대화를 하거나 껌을 씹거나 하는 경우는 상담자로서 기본이 되지 않은 것이며, 일상적으로 고객에게 반말을 일삼는 경우도 있는데 이것은 중개업자 본인은 물론, 직원에게도 반드시 교육을 시켜야 하는 부분이다.

- **감정노동 :** 최근 사회적으로 대두되는 이슈로서 끝없이 고민될 수밖에 없는 부분이다. 이른바 '진상고객'이 일으키는 불만과 요구는 적당한 선에서 끊어내지 않으면 계속 여러분들을 괴롭힐 것이다. 최선을 다하되 어느 정도 이상은 안 되겠다고 하면 고객에게 진지하게 중단할 것을 요구하거나 강하게 대처할 필요도 있다.

- **대화유도 :** 고객의 성격에 따라 자랑하듯이, 무용담 늘어놓듯이 묻지도 않은 이야기를 하는 고객은 일단 모두 들어주도록 한다. 그 대화 내용에서 필요한 정보만 취해 관리하면 된다. 다만 그들이 한 이야기를 모두 곧이곧대로 들을 필요는 없다. 나중에 확인해보면 허언일 경우가 많으니 최대한 객관적인 정보만을 취하도록 해야 한다. 한편, 한정된 정보를 이야기하기도 싫어하는 고객은 매우 골치가 아프다. 고객 본인만의 편견이나 생각으로 어쩔 수 없이 중개사무소를 찾기는 했지만, 스무고개하듯이 질문을 해야 겨우 답변을 하는 경우는 기본적인 사항(동호수, 연락처 정도)만을 받아두고 시간을 두고 접근해야

한다. 이와 같이 여러 고객의 유형을 경험하다 보면 자연스럽게 접근 방식에 차이를 두고 대화를 이끌어가야 한다는 것을 알게 될 것이다.

이상과 같이 '고객이 넘치는 부동산 중개사무소 만들기'에 대해 간략히 이야기해봤다. 최소한 이렇게 했으면 좋겠다는 것일 뿐 독자들께서 다른 방식으로 접근하는 것도 나쁘지는 않을 것이다. 또 여기에서 기술한 내용을 더 확대하고 발전시켜도 좋을 것이다. 전달하고자 하는 중요한 메시지는 고객이 많은 중개사무소가 한 가지 단편적인 요인 때문도, 그 중개업자의 운 때문도 아니라는 것이다. 남들이 보지 않는 데서 피땀 어린 노력으로 만들어지는 것임을 알아두기 바란다. 모두가 영업이 잘되는 활황 시장에서는 그 차이가 드러나지 않을 수 있다. 그러나 시장이 침체되거나 거래하기 어려운 시기에는 중개업자 간의 능력 차이가 극대화되고 매출의 차이도 확연히 드러날 수밖에 없다. 여러분들의 건투를 빈다.

중개사에게 힘이 되는
중개시스템과 협업 툴

일반중개사의 고충과
일반중개사무소의 현황

일반중개사의 어려움과 고충

"1건만 계약해도 몇백만 원을 받는다", "한 달에 몇 건만 계약해도 임차료 등의 비용을 차감하더라도 순수입이 꽤 짭짤하다"라는 주위의 말을 듣고 창업 대박을 꿈꾸며 많은 중개사들이 중개사무소를 개설하지만, 막상 현실에 직면해보면 처음부터 무엇을 어떻게 할지 막막한 대표님들이 매우 많다.

확보한 매물과 접수된 손님을 체계적으로 관리하는 방법은 무엇이며, 집 보기를 원하는 손님에게는 어떻게 집을 보여주고, 매도인과 매수인을 어떻게 협상유도 및 중개를 해서 계약에 이르도록 설득해야 하는지 초보 중개사 입장에서는 매우 암담할 것이다.

특히 계약서와 중개대상물확인서의 작성 방법은 무엇이며, 계약부터 잔금처리까지의 절차 중 점검하고 확인해야 할 사항은 무엇인지 알지 못함에 따른 불안함이 가득하고, 자칫 실수라도 해서 중개사고가 발생되지는 않을까 두렵기만 하다.

매물관리에 있어서는 컴퓨터를 다룰 줄 아는 중개사는 엑셀이나 스프레드시트 등을 활용해서 매물을 관리할 수도 있겠으나 컴퓨터에 익숙하지 않은 중개사는 수작업으로 관리하다 보니 집주인이 매도호가 조정을 요청하거나 매물이 거래 완료된 경우와 매물을 거두는 등 매물 내용에 변동사항이 생기면 그때마다 변경된 내용을 바로 수정하며 관리하기가 쉽지 않다.

뿐만 아니라 중개사무소 내에 소속공인중개사, 중개보조원 등 다른 직원이 있다면, 중개사무소 내의 모든 구성원들이 매물의 변동상황과 손님의 변동상황을 공유하는 시스템 없이 구두로 공유하다 보니 매물을 제대로 파악하지 못하기도 하고, 손님의 니즈를 제대로 알지 못해 계약 성사에 차질이 생기거나 중개사고가 유발될 수도 있어 영업환경이 매우 열악하고 위험하다고 할 수 있다.

계약 진행 시에는 여러 가지 다양한 계약 유형에 따라 오류나 누락 없이 계약을 진행하며, 계약서와 중개대상물확인서를 작성하는 것 또한 쉽지 않다. 자칫 실수라도 한다면 중개사고를 일으켜 공인중개사법에 의해 행정처벌을 받는 것은 물론, 과실로 인한 손해를 배상하는 일이 생길 수 있다.

일반중개사무소의 현황과 어려움

개업공인중개사가 개업한 후 가장 첫 번째로 부딪히는 과제이자 고민은 매물확보일 것이다. 주변에 부동산 중개사무소가 워낙 많아 업종상 매우 치열하게 경쟁해야 하는 상황이라 매물 확보도 그리 쉬운 일은 아닐 것이다.

게다가 개업공인중개사들의 허위매물 광고로 인한 중개의뢰인의 피해를 줄이기 위해서 정부는 공인중개사법을 개정해서 실제로 거래할 수 있는 중개대상물만 표시, 광고하도록 하고 있다. 이로써 개업공인중개사들이 실제 거래할 수 있는 중개대상물을 확보하는 것이 갈수록 어려워지고 있다.

수입과 영업 면에서는 계약이 매번 이루어진다면 안정적으로 수입을 확보할 수 있을 것이다. 그러나 경쟁 중개사무소가 워낙 많은 데 비해 중개업에 필수인 물건은 한정되어 중개사는 그저 고객이 물건을 내놓기를 기다릴 수밖에 없다. 매물이 있다고 하더라도 매물을 찾는 손님을 기다릴 수밖에 없어 천수답과 같은 영업을 하는 것이 중개업의 안타까운 현실이다.

중개사들은 매물 확보와 고객 확보를 위해 열심히 노력한다. 하지만 부동산이라는 매물의 특성상 공산품처럼 원하는 만큼 생산해낼 수 있는 것이 아니므로 능동적으로 매물을 확보하기가 무척 어렵다.

공인중개사법 제18조의 2

④ 개업공인중개사는 중개대상물에 대하여 다음 각 호의 어느 하나에 해당하는 부당한 표시·광고를 하여서는 아니 된다.

1. 중개대상물이 존재하지 않아서 실제로 거래를 할 수 없는 중개대상물에 대한 표시·광고

2. 중개대상물의 가격 등 내용을 사실과 다르게 거짓으로 표시·광고하거나 사실을 과장되게 하는 표시·광고

3. 그 밖에 표시·광고의 내용이 부동산 거래질서를 해치거나 중개의뢰인에게 피해를 줄 우려가 있는 것으로서 대통령령으로 정하는 내용의 표시·광고

우대빵 중개시스템의 필요성

우대빵 중개시스템과 협업 툴

매물접수에서부터 손님관리, 중개관리, 광고관리, 계약관리, 잔금처리에 이르기까지의 모든 중개프로세스를 원활히 관리할 수 있도록 도와주는 프로그램이 있다면, 그리고 계약부터 잔금에 이르는 과정에서도 거래유형별로 점검해야 할 일들을 일일이 검증해주거나 체크해주는 프로그램이 있다면, 중개사에게는 더할 나위 없는 강력한 힘을 얻는 것이 아닐까?

더욱이 경력 중개사는 물론, 초보 중개사도 누구나 손쉽게 활용할 수 있다면 얼마나 좋을까?

이러한 중개사들의 절실한 마음과 고충을 이해하고 중개사들의 고민을 한 번에 해결해줄 수 있는 것이 무엇일까 연구하며 산고 끝에 만들어진 것이 바로 우대빵 부동산 중개법인의 핵심 프로그램인 '우대빵 중개시스템'이다.

우대빵 중개시스템의 개요

우대빵 중개시스템의 UI(User Interface, 이용자 인터페이스)는 직관적으로 구성되어 있어 우대빵 중개시스템을 처음 접하는 누구라도 손쉽게 이용할 수 있는 것이 큰 장점 중의 하나다.

뿐만 아니라 가맹계약이나 근로계약 등을 통해서 우대빵에 가입하는 중개사와 중개보조원이 이들을 위해서 개설된 우대빵 부동산 기본교육과정을 수료하면, 우대빵 중개시스템과 중개업무와 관련된 프로그램 등을 능숙하게 이용할 수 있다.

우대빵 중개시스템은 중개의 프로세스에 맞춰 메뉴를 구성했다. 매물접수 및 관리, 손님접수 및 손님관리, 중개 및 광고관리, 가계약 및 계약관리 등으로 이루어져 이용자에게 편리함을 제공하고 있다

우대빵 중개시스템은 10여 가지의 메뉴로 구성되어 있다.

– 매물접수, 매물관리
집주인으로부터 받은 매물을 접수하고 접수된 매물을 관리할 수 있다.

– 손님접수, 손님관리

집을 구하는 매수의뢰인, 임차의뢰인을 접수하고 그 손님들을 관리할 수 있다.

– 중개관리

집주인과 손님 사이의 상담 및 임장을 관리할 수 있다.

– 광고관리

네이버 부동산에 광고하고 있는 상태를 비교해서 관리할 수 있다.

– 가계약관리, 계약관리

가계약 기본 내용 입력, 가계약문자 생성 및 전송, 가계약 체크리스트 확인, 본계약 관리, 계약 후 일정관리, 잔금관리, 계약서 및 기타 서류 업로드 등을 관리할 수 있다.

– 단지 관리

접수 받은 아파트 단지의 정보들을 관리할 수 있다.

– 앱 매물 관리

〈아파트는 우대빵〉 앱에 관련된 기능들을 관리할 수 있다.

– 정산관리

개설 등록한 사업자별로 계약된 계약의 정산금액을 확인하고 관리할 수 있다.

– 검색

전화번호, 이름, 매물번호, 손님번호, 네이버 매물번호 등을 활용해 매물과 손님들을 검색할 수 있다.

우대빵 중개시스템의 활용

1. 매물접수

– 매물접수 경로

매물접수는 전화접수, 방문접수, 우대빵 중개법인 카카오채널접수, 우대빵 앱을 통해서 접수하는 등 다양한 경로가 있다. 전화와 방문으로만 접수하는 일반 부동산 중개사무소와 차별화되어 더 많은 매물을 접수 및 확보할 수 있다.

– 매물접수 응대방법

우대빵 부동산 중개법인에서 별도로 제작한 매물 접수카드를 활용하면 정보의 누락 및 부족 등으로 집주인에게 다시 전화를 드려 정보를 재차 요청하는 번거로움과 불편함 없이 한 번에 완벽히 접수할 수 있다. 집주인의 입장에서도 매물접수와 관련해서 여러 번 통화해야 하는 불편함이 없어 집주인에 대한 서비스의 질을 높일 수 있다.

우대빵 중개시스템의 매물접수 메뉴를 클릭해서 화면을 보면서 접수 받는다면 아파트 평형(타입), 향 등 세부사항을 확인하면서 접수받을 수 있어 정확한 정보로 입력할 수 있다. 네이버 부동산, 네이버 지도로도 바로 연결이 가능해서 시세, 실거래가, 지도 등을 참조하면서 접수할 수 있다. 편리하고도 정확하게 접수받을 수 있어 집주인에게 전문가 이미지를 심어드릴 수 있다.

– 매물접수 상세

- 아파트 단지명 또는 주소를 입력해서 접수받으려는 아파트를 선택하기만 해도 네이버 지도가 화면에 나타나면서 지도 하단에 '네이버 부동산 바로가기' UI(User Interface)가 표시된다.

- 거래종류 메뉴에서 매매, 전세, 월세 중 하나를 클릭하면 금액을 입력하는 항목이 표시된다. 금액에 관해서는 집주인이 원하는 대로 가격을 접수받는 것이 우대빵의 기본 원칙이다. 그러나 집주인이 얼마에 내놓을지 상담을 원하는 경우 '네이버 부동산 바로가기' UI를 클릭하면 네이버 부동산으로 바로 연결되어 해당 아파트의 단지 정보, 시세 및 실거래가, 매도호가 등 다양한 정보를 볼 수 있다. 집주인에게 최근 실거래가와 매도호가 등을 상담해드리면서 접수받을 수 있어 고객이 요청하는 가격대로 접수할 수 있다.

- 동/호/층과 타입(공급, 전용)면적을 집주인에게 알아보고 입력한다.

- 집을 내놓는 분은 누구인지, 현재 거주자는 누구인지를 입력한다.

- 방/화장실/향/확장/구조 등을 물어보고 입력한다.

- 매물의 특징이나 장점 등과 집 보기 위해 방문 가능한 요일과 시간을 물어보고 그 내용도 입력한다.

매물 내놓기

2. 매물관리

− 매물관리

• 매물관리 첫 화면에는 조건 검색 화면과 전체 매물리스트가 나타난다.

이 화면에서는 손님이 원하는 지역, 아파트, 거래타입, 평형, 가격대 등 손님의 니즈 또는 손님이 원하는 조건을 입력하면 그 조건에 해당되는 아파트리스트만 선택해서 볼 수 있다.

• 우대빵 부동산 중개사무소의 가장 큰 강점 중의 하나가 매물을 다량으로 확보하고 있다는 것이다. 그중에서도 손님의 니즈에 딱 맞는 물건을 검색해서 브리핑할 수 있다면 손님의 요구를 충족해드림으로써 계약으로 이어나갈 확률이 높아져 손님은 물론, 중개사에게도 큰 도움이 될 수 있다.

− 매물상세정보

• 매물리스트에서 원하는 매물을 클릭하면 매물상세정보 화면이 나타난다.

• 매물상세정보에서는 '매물상태수정', '광고상태수정' 등을 통해서 접수, 계약완료, 보류, 집주인이 거둬들임은 물론, 광고상태 등을 편리하게 관리할 수 있다.

• 이 페이지에서는 매물상세, 연락처, 매물상세설명 및 집주인 요구사항을 한눈에 볼 수 있다. 매물가격 상·하향 조정 등을 비롯한 기존 접수 내용 중 변경할 사항이 있다면 손쉽게 수정도 할 수 있다.

- 광고하기 또는 광고수정요청 등을 할 수 있으며 손님 임장예약 내용도 볼 수 있다.
- 화면 우측에는 네이버 지도가 보이며 지도 상단에는 '네이버 부동산 가기', 하단에는 '넓은 지도 보러 가기'가 있어 이를 클릭하면 다양한 정보를 얻을 수 있다.
- 이 화면에는 '복사하기' 버튼이 있어 매우 편리하다. 예를 들어 집주인이 한 매물을 전세와 월세 두 개로 내놓을 경우 우선 한 매물은 전세로 접수 및 입력한 후 복사하기를 눌러 매물을 복사한 다음에 월세매물로 몇 가지 정도만 수정해서 입력한다. 월세매물접수 및 입력 시 처음부터 다시 입력해야 하는 불편함을 해결해줘 매우 편리하다.
- 이 페이지에서는 '광고하기' 버튼을 활용해서 광고하고자 하는 사무소를 선택해서 광고하기를 할 수 있다. 광고하기 처리를 한 후에는 '부동산 써브'에서 광고를 진행한 후 네이버 부동산 광고매물 번호를 저장해야 한다.
- '추가 광고하기'는 다른 중개사무소에서도 광고하기를 진행할 경우 광고하기와 동일한 방법으로 진행한다.
- '광고문구 보기'를 누르면 본점 및 각 지점 중개사무소별로 네이버 부동산에 광고할 내용과 아파트 단지 정보 등을 볼 수 있어 부동산 써브를 통해 네이버 부동산에 광고할 때 중개사에게 많은 도움을 준다.
- 광고를 수정해야 할 내용이 생기면 '수정하기'를 눌러 수정 내용을

수정한 후 '광고수정요청' 버튼을 눌러 수정내용을 업무용 툴인 잔디에 공지해서 그 매물과 관련된 내용을 다른 구성원들과 공유한다

- 집주인으로부터 가격 조정요청, 매물 거둠, 보류 등 광고수정요청을 받았을 때에는 본인만 그 요청사항을 알고 있는 데 그치지 않고 업무용 툴인 잔디 '매물_광고수정필요' 토픽에 전달해서 내용을 공유해야 한다.

- 잔디를 통해 수정 요청을 확인한 중개사무소에서는 부동산 써브 사이트의 매물을 수정함으로써 허위매물 신고나 집주인 항의 등을 미연에 방지할 수 있다. 물론 '광고중지' 버튼을 누르면 광고중지도 할 수 있다. 광고중지의 경우에도 부동산 써브에서 중지를 한 후 우대빵 중개시스템에서도 광고를 중지해야 한다.

3. 손님접수

- 손님정보에는 손님의 성함, 전화번호 등을 입력하되 전화번호만 입력해도 접수가 가능하다.

- 우대빵 부동산 중개사무소에서는 매물접수 때와 마찬가지로 손님 접수카드를 제작 및 사용하고 있다. 이를 활용해서 접수할 경우 한 번에 손님의 모든 정보를 접수받을 수 있게 된다. 누락 등으로 인해서 손님께 재차 전화하는 불편함 없이 손쉽게 정보를 접수할 수 있다.

- 손님이 관심 가지고 있는 단지 아파트명, 거래타입, 거래평형 등 손

님의 니즈를 파악해서 입력한다. 이 부분은 중복 기입이 가능하다.

- 거래목적(갭 투자, 실거주)을 파악해서 선택 후 입력한다.
- 손님이 희망하는 기간 및 가격 등과 손님의 요청사항 등을 입력한다.
- 손님접수를 할 때는 가능한 한 손님의 니즈를 정확히 파악하는 것이 매우 중요하다. 손님의 니즈에 맞는 물건을 검색해서 맞춤물건을 브리핑한다면 거래로 이어질 확률이 높기 때문이다.

4. 손님관리

– 손님관리

- 손님관리의 첫 화면은 조건 검색 화면과 해당 본점 또는 지점 및 가맹점의 전체 손님리스트가 나타난다.
- 이 화면에서는 단지명, 거래타입, 거래목적, 평형, 가격 등의 조건을 입력하면, 조건에 맞는 손님의 명세를 검색할 수 있으며 손님을 담당하는 담당자별로도 검색이 가능하다.
- 매물관리에서는 손님의 니즈 및 조건에 맞는 매물을 검색할 수도 있지만, 반대로 손님관리에서는 매물에 맞는 손님을 검색할 수 있어 매물과 손님의 매칭 확률을 높임에 따라 계약을 성사시킬 가능성 또한 높아져 중개사들의 영업에 도움을 줄 수 있다.

– 손님 상세정보

- 손님리스트에서 해당 손님을 클릭하면 손님 상세정보 화면이 나타난다.

- 손님 상세정보에서는 '상태수정'을 통해 접수, 매물상담 후 대기, 임장예약완료, 보류 등 손님과의 접촉 단계별로 관리할 수 있다. 이를 통해서 손님과의 접촉 단계가 어느 정도 진행되었는 지를 파악해 해당 단계에 맞는 응대 및 마케팅을 할 수 있다. 손님관리는 마케팅과 영업으로 직접 연결되는 파워풀한 도구라고 할 수 있다. 뿐만 아니라 손님관리 페이지에서는 손님 플로우차트를 도식적으로 제공하고 있다. 이를 활용하면 우대빵 중개시스템 사용자가 직관적으로 단계를 관리할 수 있어 매우 편리하게 활용할 수 있다.
- 관리자 코멘트란에 손님과 대화한 내용 또는 진행된 내용 등을 계속 기록 입력해서 히스토리를 관리할 수 있다. 이를 통해 다음에 손님과 대화할 때는 손님과 언제 무슨 내용으로 대화했는지를 파악하면서 손님과 대화하게 되어 대화가 순조롭게 이루어진다. 손님도 같은 내용을 반복적으로 이야기하지 않아도 되어 손님에 대한 서비스 만족도가 올라가게 된다.
- 이 화면에서는 손님에게 브리핑한 매물을 저장 및 관리할 수 있어 손님에게 어떠한 매물을 브리핑했는지를 바로 확인할 수 있다.
- 특히 손님이 원하는 매물보기, 즉 집보기를 원하면 매도인(임대인)과 일정을 조율해서 임장예약을 손쉽게 할 수 있다. 공동중개 임장 예약도 가능하다.

5. 중개관리
- 중개관리 화면에서는 매물상담 후 대기, 임장예약리스트, 임장 후

대기, 보류 상태 등의 리스트를 보여줌으로써 손님의 진행단계 또는 상태를 쉽게 파악할 수 있다. 이에 따라 각 단계에 맞는 응대나 영업을 할 수 있어 손님관리에도 도움이 된다.

- 임장예약리스트에서는 중개사가 약속시간에 늦지 않도록 임장예약시간을 색깔별로 표시함으로써 해당 임장담당자에게 주의를 환기시켜주기도 한다. 특히, 잔디 업무 툴의 '임장예약 및 결과' 토픽에서도 임장예약시간 한 시간 전에 임장예약시간과 내용을 알려줘 해당 임장담당자가 약속시간을 잘 지키게 해준다. 이를 통해 손님과 집주인에게 신뢰를 줄 수 있도록 도와준다.

6. 광고관리

- 네이버 부동산에서 아파트 카테고리에 광고 가능한 매물 건수는 100건이다.
- 광고관리 메뉴를 클릭하면 중개사무소별로 네이버 부동산에서 광고 진행 중인 리스트를 볼 수 있다.
- 네이버 부동산에 광고하기 위해서 부동산 써브 사이트에 노출되는 광고리스트와 우대빵 중개시스템의 광고관리 광고가 동일하게 관리되어야 한다.
- 네이버 매물링크를 클릭하면 네이버 부동산에 광고가 잘되고 있는지 확인할 수 있다.

7. 가계약관리

– 가계약 및 계약관리의 강점

- 중개사들에게 힘이 되는 도구인 우대빵 중개시스템 중에서도 초보 중개사를 비롯한 모든 중개사들에게 중개사고 없이 안전하면서도 확실하게 계약에 도움을 줄 수 있는 것이 바로 가계약 및 계약관리다.

- 가계약문자 작성 시에 거래금액, 계약금액, 잔금액, 계약금의 일부 등 기본 계약내용을 입력하면 각 거래유형별로 가계약문자가 자동 생성되어 초보 중개사도 손쉽게 가계약 문자를 작성할 수 있다.

- 뿐만 아니라 계약에서부터 잔금단계에 이르기까지 단계별로 체크리스트가 있어 체크리스트대로 확인하고 체크만 한다면 누락이나 오류 없이 계약을 진행할 수 있어 누구나 중개사고 우려 없이 완벽하게 거래를 마무리할 수 있다.

– 가계약 시작

- 가계약을 하려는 매물의 매물상세페이지 상단 바 우측에 '가계약하기' 버튼을 눌러 가계약을 시작한다.

- 이때 '오늘 발급된 등기부등본을 매물상세페이지에 업로드하고 계약자에게 송부해야 가계약을 진행할 수 있습니다'라는 내용이 팝업이 되어 등기부등본 열람 및 출력을 놓치는 오류를 범하지 않도록 도와준다.

– 가계약 작성

• 등기부등본 업로드를 마치고 가계약하기가 시작되면 가계약 작성 페이지로 넘어가게 된다.

• 가계약 작성 페이지에서 가계약에 필요한 기본 내용(거래금액, 계약금의 일부, 계약금액과 계약금날짜, 중도금과 중도금날짜, 잔금과 잔금날짜 등)을 모두 입력한다. 다만, 각 단계의 날짜가 정해지지 않은 경우 '추후협의'를 누르면 된다.

• 현재 거주자가 누구인지, 매수자 상황(갭 투자, 실입주, 주전 등)과 갭 투자 시 전세승계 여부 등을 체크하면 거래유형이 자동으로 분류되어 지정된다.

• 작성한 기본 내용과 선택한 유형을 기반으로 '입력내용 저장'을 누른 후 '내용 변환' 버튼을 누르면 가계약내용 영역에 각 유형에 해당하는 가계약문자 내용이 표시된다. 이러한 부분은 중개사들에게는 매우 편리한 기능이기도 하지만, 안전하게 계약할 수 있는 강력한 도구가 될 수 있다.

– 가계약 문자 검증

• 가계약문자가 생성되면 '가계약 내용 저장' 버튼과 '최종내용보기' 버튼을 누른다

• 생성된 가계약문자를 매도(임대)인, 매수(임차)인에게 송부하기에 앞서 중개법인의 업무용 소통공간인 텔레그램에 올려 한 번 더 검증 절차를 거친다

- 생성된 가계약 문자 내용을 계약 당사자에게 송부하기 전에 혹여 누락되거나 오류부분이 있는지 점검을 받을 수 있어 더욱 안전하게 가계약을 진행할 수 있다. 초보 중개사는 물론, 경력 중개사들에게도 안심하고 계약할 수 있는 훌륭한 프로세스다.

– 가계약문자 발송 및 입금 확인
- 가계약문자 검증절차까지 마쳤다면 계약당사자(매도·임대인, 매수·임차인)에게 당해 문자를 발송한다. 동 계약 내용에 동의하면 '동의한다'라고 답장해줄 것을 요청한다.
- 계약당사자로부터 동의문자를 받은 후 매수(임차)인에게 매도(임대)인의 계좌번호를 알려주며, 계약금의 일부를 입금하시라고 문자 송부 또는 전화한다.
- 가계약금의 일부가 매도(임대)인 계좌로 입금됐는지 매도(임대)인께 확인한 후 매수(임차)인께 피드백한다. 가계약이 성립됐음을 계약 당사자 모두에게 알려드린다.

– 체크리스트 입력 및 가계약 완료
- 해당 거래 유형에 따라 체크리스트를 확인하고 체크한 뒤에 '체크리스트 저장'을 눌러 저장한다.
- 업로드해야 할 체크사항이나 파일들을 압축파일로 만들어서 업로드한다.
- 가계약 절차가 완료되어 가계약 완료 처리를 하려면 '최종내용 보

기' 버튼을 누른다.

- 가계약 완료 처리 화면이 뜨면 처음에는 '가계약 완료처리' 버튼이 비활성화되어 있다.
- 매도(임대)인 동의 문자 확인, 매수(임차)인 동의 문자 확인, 가계약 금 입금 확인 3개의 체크 사항을 체크하면 '가계약 완료 처리' 버튼이 활성화된다. 이를 클릭하면 가계약이 완료된다.

8. 계약관리

— 계약리스트

- 메뉴에서 '계약관리'를 클릭하면 가계약 완료된 리스트를 확인할 수 있다.
- 계약관리에는 계약리스트, 잔금완료리스트, 계약파기리스트, 실거래미신고리스트 등을 확인하고 관리할 수 있다.
- 계약리스트에는 현재 진행 중인 계약 중 잔금 완료 이전의 모든 계약 건들이 표시된다.
- 상태에는 담당자, 계약번호, 계약 현재 상태와 다음 일정이 며칠 남았는지 등을 표시해줌으로써 일정을 놓치지 않도록 안내를 해준다.
- 또한 계약리스트에는 거래종류와 계약, 중도금, 잔금 등 단계별 일자 및 금액, 주소 등이 표시되며 등기부등본, 계약서 등의 업로드 서류 상태를 알 수 있고 다운로드도 가능하다.
- 자금조달계획서, 실거래신고 등 현황도 확인할 수 있다.

계약관리 계약리스트

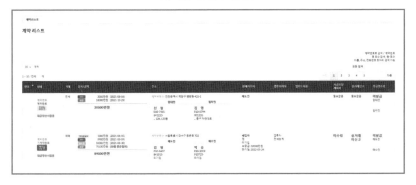

– 계약 상세페이지

• 계약번호를 누르면 계약 상세페이지로 넘어간다.

• 계약 상세페이지의 내용은 가계약 시 진행한 내용이 그대로 복사된다. 물론 수정도 가능하다.

• 계약일정이 진행되면 계약완료, 1차 중도금완료, 2차 중도금완료, 잔금완료, 계약파기 등의 단계별 상태로 변경해야 한다.

• 체크리스트에서 해당 진행상황(빨간색)을 클릭해서 체크리스트를 모두 확인한 후 체크하고 '체크리스트 저장' 버튼을 눌러야만 다음 단계로 넘어가며 진행할 수 있다.

• 아직 해당 단계가 아닌 경우 회색으로 표시된다. 이 경우 체크리스트를 볼 수는 있으나 체크하기는 활성화되어 있지 않다.

• 이 페이지에는 수수료 및 협력사 정산 관리하기, 실거래신고, 현금영수증 발급, 서류 업로드 하기 등의 업무를 할 수 있다.

• 특히, 실거래신고가 누락되지 않도록 관리해준다. 중개사들의 실

수나 과오를 예방할 수 있어 중개사들에게 많은 도움이 되고 있다.

9. 단지 관리

– 단지 리스트

- 메뉴의 '단지 관리'를 클릭하면 접수된 매물의 아파트 단지들이 모두 테이블로 표시된다.
- 여기에는 단지명, 주소, 관리사무소 전화. 팩스, 썸네일, 광고문구 등이 표시된다.

– 단지 상세페이지

- 단지 리스트에서 번호를 클릭하면 단지 상세페이지를 열 수 있다.
- 앱에 노출되는 썸네일을 저장할 수 있고 다운받을 수도 있다. 부동산 써브에 광고할 때 동 썸네일을 첨부해서 광고할 수 있어 타 중개사무소보다 광고 경쟁력을 가질 수 있다.
- 관리사무소 전화번호와 팩스번호가 있어 잔금처리 시에 장기수선충당금, 관리비 정산, 선수관리비 정산 등 관리사무소와 관련된 업무를 위해 유용하게 사용할 수 있다.
- 단지 광고 멘트에는 준공연도, 세대 수, 교통, 편의시설, 공원, 상권, 교육시설 등을 입력할 수 있다. 뿐만 아니라 저장된 내용을 부동산 써브 광고 시에 활용할 수 있어 광고관리에도 도움이 된다.

10. 앱 매물관리

– 앱 접수매물

• 앱을 통해 매물이 접수되면 잔디의 '손님–응대, 매물 받기' 토픽에 알림이 전송된다.

• 접수된 매물은 '앱 매물관리' 메뉴의 앱 접수매물에서 확인할 수 있다.

• 번호 링크를 클릭해서 상세페이지로 들어가면 매물접수 화면과 비슷한 화면이 열린다.

• 집주인과 통화해서 추가로 수집해야 할 내용이나 집주인의 요청사항 등을 접수받고, 접수된 내용을 기입한 후 '신규 접수하기' 버튼을 누르면 매물리스트에 표시된다.

– 앱 우대빵 추천 노출 매물

• 앱에 추천 매물리스트에 나타나는 매물을 관리할 수 있다.

• 매물상세정보 상단 바에서 '앱에 우대빵 추천 노출하기' 버튼을 클릭해서 노출시킨다.

– 앱 최근 거래 완료 리스트

• 매물상세정보에서 '앱 거래 완료 노출'에 체크하면 우대빵 앱의 '한 달 빠른 실거래가'에 노출된다.

• 앱에서는 리스트로 표시되며, 상세페이지에는 네이버 부동산 보러 가기와 호갱노노 보러 가기가 있다.

11. 기타

− 정산관리

- 내·외부 개업공인중개사는 본인의 아이디로 로그인하면 개별적으로 계약과 수수료 정산 금액을 확인할 수 있다.
- 매도(임대)인과 매수(임차)인에게 받는 전체 수수료 금액을 확인할 수 있다(외부 다른 중개사무소와 공동중개한 경우는 해당 중개사무소의 수수료는 0원으로 표시됨).

종합

매물 및 손님 관리에 최적

중개업을 영위하면서 매물이 많아지고 접촉하는 손님도 많아지면 노트 등에 수작업으로 기록 관리하는 것은 매우 번거로운 일이 된다. 컴퓨터를 다룰 줄 아는 중개사의 경우에는 엑셀과 같은 스프레드시트를 활용해서 관리할 수 있겠다. 그러나 만약 중개사무소에 대표 1인이 아닌 대표 외에 개업공인중개사, 소속공인중개사, 중개보조원 등과 함께 근무할 때 매물이 거둬들여지거나 집주인이 가격을 상·하향으로 조정하는 등 매물의 변동상황이 생길 경우 변동상황을 접수한 사람 외에 다른 사람에게 공유하는 것 또한 쉽지 않을 것이다. 또한 매물의 변동상황이 중개사무소 내 직원 간에 서로 공유되지 않아 네이버 부동산에 변경 전 내용이 그대로 광고될 경우 허위매물 등으로 오인될 수 있어 매우 위험하다.

손님의 변동 상황도 마찬가지다. 손님의 상황이 바뀌었는지, 조건이 바뀌었는지, 진행은 어느 단계까지 진행됐는지를 일목요연하게 정리해서 언제든지 확인할 수 있게 하는 것도 쉬운 일이 아니다. 이런 변동 상황이 같은 사무소 내에 다른 직원들과 공유가 되지 않는다면 손님께 품질 좋은 서비스를 제공하기가 어려울 것이다.

이러한 불편함과 고민을 모두 해결해주며 손님께 좀 더 나은 서비스를 제공할 수 있는 강력한 툴이 바로 우대빵 중개시스템이라고 할 수 있을 것이다. 매물접수 및 매물관리, 손님접수 및 손님관리에서부터 중개관리와 광고관리에 이르기까지 중개업무 프로세스별로 프로그램을 지원하기 때문에 중개사들의 업무에 최적이라고 할 수 있다.

중개사고 없는 안전한 거래에 최적

협상이 성립되어 계약단계에 이르게 되면 가계약은 어떻게 처리하며, 가계약문자는 어떻게 작성하고, 계약, 중도금, 잔금업무는 어떠한 방법으로 처리해야 하는지. 또한 계약서와 중개대상물확인설명서 등을 작성할 때는 혹시 누락사항과 오류 등은 없는지, 중도금 및 잔금처리 시에는 체크해야 할 사항은 무엇이며, 어떠한 절차로 진행해야 하는지 고민하며 걱정하게 된다. 이것은 초보중개사는 물론, 베테랑 중개사에게도 당연한 일일 것이다.

이때 가계약 시에 점검해야 할 사항이 무엇인지 체크리스트를 제공하고, 각 거래유형별 가계약문자까지 자동 생성해준다면 중개사에게 엄청난 힘이 될 것이다.

　뿐만 아니라 계약부터 잔금에 이르는 각 과정별로 점검해야 할 사항들을 체크리스트로 제공하고 우대빵 중개시스템 이용자가 그 사항들을 점검하게 해준다면 어떨까? 누락과 오류 등의 과실을 예방함으로써 중개사고를 미연에 방지하면서 중개업무에 큰 도움을 줄 수 있을 것이다. 이것이 바로 우대빵 중개시스템이다.

중개사무소
개설절차와 유의점

중개사무소 창업 시
알아야 할 것들

중개업은 확률 싸움이다

요즘 아파트 단지의 상가를 보면 1층은 모두 부동산 중개사무소인 걸 어렵지 않게 볼 수 있다. 워킹 손님의 경우 중개사무소에 방문해서 매물을 보고 계약을 하는 게 전통적인 부동산 거래 방법이다. 그 많은 중개사무소 중에서 과연 어느 중개사무소에 가야 할까? 특징이 없는 중개사무소들은 손님 입장에서 보면 그저 확률 게임이다. 지나가다가 눈 마주쳐서 들어가는 경우, 사거리에서 가장 가까워서 들어가는 경우, 바로 앞에 있는 중개사무소는 왠지 가기 뭣해서 그 옆으로 가는 경우 등 손님의 느낌과 상황에 맞춰서 나타나는 확률이다.

최근 확률 싸움은 바뀌었다

현재 아파트 매물의 1위는 네이버 부동산이다. 다방, 직방의 경우에는 원룸, 투룸을 주로 하고 실제 많은 아파트의 매물을 보기 위해서는 네이버 부동산에서 검색을 한다. 손님들은 아파트 광고를 보고 광고를 하고 있는 각 중개사무소에 전화를 직접 한다.

"광고 보고 전화드렸는데요. 105동 12층 전세 5억 8,000만 원 집 볼 수 있을까요?"

"네, 그럼요. 거기는 세입자가 살고 있는데 세입자에게 확인하고 다시 전화드릴게요."

잠시 후.

"손님, 집 보실 수 있습니다. 그럼 105동 지하 1층 주차장에서 뵐까요? 아니면 단지 정문에서 뵐까요? "

"차로 가니까 105동 지하 주차장에서 뵐게요."

"네. 주차장 입구에서 경비실에 집 보러 왔다고 하시고 들어오세요."

"네."

이처럼 통화로 약속 잡은 상황에서 부동산 중개사무소의 위치는 중요하지 않다. 얼마나 많은 매물과 광고가 손님의 전화를 받게 해주는지로 바뀌었다.

이미 정보는 평등화했다

부동산은 정보의 비대칭성이 가장 큰 산업이었다. 과거에는 대부분의 정보를 매도자나 공인중개사들만 가지고 있었다. 하지만 이제는 정부에서 공개하는 정보만을 가지고도 주택을 거래하는 데 큰 문제가 없다. 특히 이런 정보들은 실시간으로 확보할 수 있다.

손님들은 예전처럼 중개사무소에 직접 방문하면서 매물 정보를 묻지 않는다. 스스로 더 많은 정보를 인터넷에서 알고 중개사무소에 전화해서 역으로 확인을 받는다.

"105동의 3호 라인은 서향이라 결로가 많다던데 사실인가요?"

"105동 13층 이틀 전에 8억 3,000만 원에 거래됐다는데 사실인가요?"

중개사무소의 위치는 달라져야 한다

이미 많이 알려져 있는 것처럼, 파리바게트는 횡단보도 앞에, 설빙은 2층에, 이디야는 스타벅스 옆에 자리를 잡는다. 이처럼 '중개사무소는 아파트 단지 상가 1층에'라는 말이 있다. 물론 단지 상가에 1층, 눈에 잘 띄는 곳에 있으면 지나가는 집주인들이나 손님에게 눈에도 띄고 기억에도 남아서 운영이 잘되는 확률은 높아진다. 그러나 자리가 좋을수록 월세는 비싸기 때문에 월세 대비 운영 효율은 좋지 않을 수 있으니 따져봐야 한다.

앞서 언급한 것처럼 온라인 광고로 손님들이 연락이 오기 때문에, 매물이 많다면 굳이 1층을 고집할 필요가 없어진다. 손님이 계약하러 방문 시 주차가 잘되는 상가면 된다. 우대빵 부동산 중개사무소는 실제로 2층에 대부분 입점되어 있고, 최근에는 3층에도 입점이 예정되는 가맹점들이 생기는 중이다.

사무소 면적은 10평 내외면 문제가 없다. 사무소 위치는 역세권 등 지역에서 상권이 가장 좋은 곳에 입점한다. 2층 자리가 가지는 부족한 부분을 채우기 위해서라도 좋은 상권에 들어가는 것은 필수다. 간판이나 시트지가 외부노출이 되어 접근성과 함께 노출도가 높아지는 것이 홍보에 유리하다. 1층도 무난하나 면적이 적고 외부의 노출(자동차)에 효과적이지 않아 잘 선택해야 한다. 비용이 높아지는 점은 분명한 고려 사항이다. 1층의 경우 점포 앞에 주차를 할 수 있으면 최적이다.

우대빵은 기본적으로 대로변에 노출이 될 수 있는 위치의 상가를 선호한다. 후면이나 이면도로에 있는 상가라도 간판을 대로변에 노출할 수 있다면 차선으로 고려할 수 있다.

상징성이 있거나 집주인들과 교류가 활발한 지역의 대표 단지의 경우 단지 내 상가도 상관없으나 특정단지에 입점해야 하는 경우가 아니라면 여타 단지들이 부정적으로 생각할 가능성이 있어 유의해야 한다.

코로나19의 확산으로 2층의 경우 공실이 많으므로 보증금과 월세

조정이 필요할 때 렌트프리(Rent Free)를 활용하는 것이 좋다. 마음에 드는 사무소를 발견하면 사진과 함께 간략한 개요(위치, 면적, 가격 등)를 정리해서 본사와 협의 후 추가 절차를 진행할 필요가 있다. 본사는 수십 개의 가맹점이 개설하는 것을 보고, 이들의 영업실적을 잘 알기 때문에 어떤 위치가 좋은지 등의 경험치가 있기 때문이다.

정말 좋은 자리면 바닥권리금도 생각해볼 수 있다. 임차 종료 후 회수가 가능해야 한다. 집주인 연락처를 확보하는 것이 중요하다. 일차적으로 관리사무소에 확인하고, 확인이 안 되면 옆 상가 등에 물어보는 것도 한 방법이다. 너무 급하게 찾지 말고 시간의 여유를 가지고 임장을 다닐 것을 권한다.

우대빵 가맹계약 완료 후 창업절차

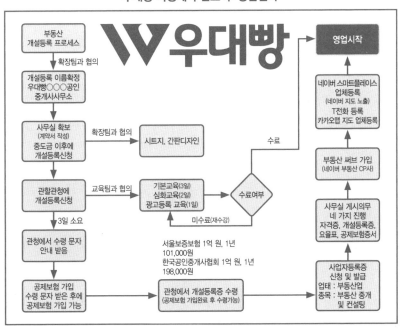

위치에 대한 확신이 서지 않으면 기존의 지점을 방문해서 상담 및 지점의 위치를 보는 것도 좋은 대안이 될 수 있다.

중개사무소를 확보했다면 월세계약서를 들고 관할관청에 부동산 개설등록을 하러 가야 한다. 우대빵과 함께한다면 '우대빵 ○○○ 공인중개사사무소'로 개설이름을 정하면 된다. 여기서 팁을 하나 드리자면 개설등록 신청 시 사무소 이름에 사무소 번호를 넣는다면 네이버 부동산 광고 시 리스트에 사무소 번호가 노출이 되므로 광고효과를 높일 수 있다.

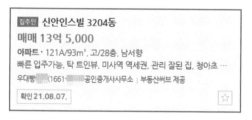

부동산 개설등록 신청 시 준비물

개설등록 신청일이 임대시작일보다 늦어야 한다.
- 대표자 명의의 임대차계약서(사본)
- 인장(추후에 중개계약서 작성 시 사용할 도장) 7mm~30mm
  보통 원형 15mm, 18mm로 한다.
- 여권용 사진(3.5×4.5)   • 본인 신분증
- 수수료 - 20,000원   • 공인중개사 자격증(원본)
- 실무교육 수료증(출력본)

개설등록 신청 후 공제보험 가입

많은 중개사분들이 개설등록 시 헷갈려 하시는 부분이 언제 공제보험을 가입하는지다. 결론부터 말씀드리면 관할관청에서 "개설등록증이 발급됐으니 수령하세요"라는 연락을 받았을 때다. 개설신청을 했다고 보험 가입이 되지는 않는다. 관할관청 방문 시 공제보험 가입여부를 확인하고 수령이 가능하게 된다. 공제보험은 2곳에서 가능하다. 서울보증보험과 한국공인중개사협회가 있다. 1억 원 한도에 서울보증보험은 1년에 101,000원이고, 한국공인중개사협회는 1년에 198,000원이다.

공제보험의 의미

부동산 중개사고 발생 시 피해자가 공제회사에 피해보상신청을 하면 공제회사는 1억 원 한도 내에서 피해자에게 피해보상금을 지급하는 것이 공제제도다. 1년에 1억 원이라는 공제배상 비용(중개법인은 의무 가입액이 2억 원)은 그해에 그 중개사무소를 이용한 모든 손님이 각각 1억 원까지 보상된다는 것이 아니고, 그해에 그 중개사무소를 이용한 모든 고객에게 1억 원이 상황에 맞게 나누어서 비용이 처리된다는 점이다. 요즘 부동산 가격에 비해서 공제보험 가입금액이 현저히 낮은 건 사실이다.

그리고 만약 공제회사에서 피해자에게 실제 보험 비용을 지급했다면 보험가입자에게 구상권을 청구하게 된다. 자동차보험과 다르게 공제회사의 배상금 지출 액수만큼 동일한 금액으로 보험가입자에게 청구한다. 공제 보험금액이 부동산 가격에 비해서 낮은 만큼, 구상권도 청구받으면서 추가적인 손해는 민사의 손해배상까지 중개사가 책임을 져야 할 수 있는 부분이므로 중개사고는 매우 조심해야 한다.

사업자등록증 신청

공제보험을 가입하고 개설등록증을 수령했다면 관할세무서에 방문하거나 온라인으로 사업자등록증을 신청할 수 있다. 보통 사업자를 처음 내는 경우 간이사업자로 발급된다. 2020년 7월 22일에 발표한 기획재정부 세법개정안에 따라서 간이사업자는 1년에 4,800만 원까지는 부가세 납부 의무가 없다. 4,800~8,000만 원 사이의 매출은 부가세를 납부해야 한다(자세한 추가 세무처리 내용은 담당 기장 세무사에게 문의하는 것이 가장 정확하다).

CP사 가입, Content Provider 중 1개인 부동산 써브

사업자등록증을 바탕으로 부동산 써브를 가입하면 네이버 부동산에 광고를 할 수 있다. 이때 네이버 단체 아이디도 함께 가입을 한다. 네이버 스마트플레이스라는 곳에 중개사무소를 등록하면 네이버 지도에 검색이 되어 고객들에게 링크로 사무소 위치를 알리는 게 가능하다. T맵, 카카오맵, T전화 등도 업체등록을 하면 좋다.

내부 인테리어

초기에 사무소를 오픈할 때 다음 표와 같은 물품들이 필요하다. 하나씩 설명하겠다.

내부인테리어 및 필요 집기

간판	듀얼 모니터	사무의자
배너(입간판)	프린트	사무책상
냉난방기	세단기(세절기)	캐비넷(잠금 장치)
바닥	전화(인터넷)	계약테이블
컴퓨터	보안(CCTV)	손님용 의자
계약서파일철	지도	

간판 설치

간판을 설치하기 위해서는 두 가지를 체크해야 한다. 첫째, 해당 관할관청의 옥외간판 규정과 둘째, 공인중개사법의 옥외간판 규정이다. 이 간판 규정을 지키지 못할 경우 관할관청은 철거를 명할 수 있기 때문에 수정비용을 아끼기 위해서는 한 번에 규정을 잘 체크해서 진행하는 것이 좋다. 간판 업체와 많은 소통이 필요한 부분이다. 관할관청의 옥외간판 규정은 관할관청의 도시디자인과에 전화하면 알 수 있는데,

예를 들어 은평구 옥외간판 설치 허가 규정은 아래 자료와 같다.

은평구 간판 설치 허가 규정

- 가로는 가게 가로폭의 80%
- 세로는 판류형의 경우 80cm 이내
- 돌출형은 두께가 30cm 이내
- 주거지역은 간판 1개만 설치가능

공인중개사법 제18조에 따르면 개설 사무소 명에는 '공인중개사사무소' 또는 '부동산 중개'라는 단어가 들어가야 한다. 그리고 옥외간판에는 그 대표자 성명이 들어가야 한다고 명시가 되어 있다. 이 두 가지를 모두 충족시키기 위해서는 '공인중개사사무소' 또는 '부동산 중개'와 대표자 성명이 들어가면 된다.

배너(입간판)

사무소가 길가에서 잘 보이지 않거나 손님들에게 사무소 오는 방법을 알려 드리기 위해서 180cm×60cm 짜리 입간판을 여러 개 설치를 할 필요가 있다. 구입방법은 '미리캠버스'라는 사이트를 이용하면 디자인과 구입까지 한 번에 가능하다.

냉난방기

　기존 사무소를 구할 때 이미 설치가 완료된 사무소를 구입하는 게 비용 절감 측면에서 좋다. 설치가 안 되어 있는 경우에 비용을 절약하기 위해서 설치를 하지 않으려고 하는 경우가 있다. 그런데 쾌적한 계약 환경을 위해 고객서비스 차원에서 설치하는 게 좋다. 냉난방기는 중고로 구입을 하더라도 설치 시 냉매관 설치 길이에 따라서 비용차이가 많이 발생한다.

　우대빵과 함께하는
　성공 부동산 중개사무소 창업

바닥

새 건물에 처음으로 임대를 들어가는 경우, 바닥이 시멘트로 되어 있어서 추가적으로 데코타일로 마감작업을 하는 게 좋다. 기존 임차인이 있는 경우에는 대부분 이미 바닥은 인테리어가 되어 있다.

컴퓨터, 듀얼모니터

컴퓨터는 컴퓨존이라는 사이트에서 조립 PC를 비교적 저렴한 가격에 구입할 수 있다. 보통 키보드 마우스도 사은품으로 제공한다. 사양은 다음 표 정도면 중개사무소에서 쓰기에는 충분하다. 대략 본체 값은 35만 원~50만 원이다.

추천 PC 사양(2021년 8월 기준)

CPU	i3-10100(코멧레이크) 라이젠 3프로 4350G(르누아르)
내장그래픽	듀얼모니터 사용가능. HDMI & DVI
램	8GB
SSD	256GB
파워	300~500W

모니터의 경우 24인치, IPS패널, 1920×1080(FHD)정도의 스펙으로 약 15만 원 정도에 1대를 구입할 수 있다(2021년 8월 기준). 모니터 2대로 듀얼 모니터 환경을 구성해서 사용하면 업무의 효율이 올라간다. 모니터 받침대 또는 모니터 암을 이용하면 공간 활용도 좋다.

프린터

부동산 중개업에서 프린터는 아주 중요한 요소다. 계약 시 등기부등본, 계약서, 중개대상물확인설명서, 계약금영수증, 토지대장, 건출물대장, 공제증서, 신분증진위확인서, 개인정보수집동의서를 프린트해서 고객에게 교부해야 하기 때문이다. 이럴 경우 1명의 고객에게 약 20~30장의 프린트물을 제공해야 한다. 계약을 하려고 하는데 프린트가 안 되면 매우 곤란한 상황에 빠지게 될 수 있다. 따라서 프린터는 2대를 준비하는 것이 좋다.

1대는 컬러잉크젯 프린터, 1대는 USB형태의 흑백레이저(양면 인쇄 가능) 프린터다. 월 3만 원에 프린트 대여 업체에서 대여가 가능한 경우가 많다. 프린트에 대해서 잘 아시는 경우면 대여보다는 직접 구입해서 설치하는 것이 좋다. 약정이 보통 3~5년이므로 1년이면 구입 값을 넘어간다. 이마저도 부담이 된다면 USB형태의 흑백레이저(양면 인쇄 가능)프린터를 2대 구비해서 진행하는 것도 방법 중 하나다. USB형태는 별도의 설치드라이버 없이 USB만 본체에 연결하면 바로 인식해서 프린트가 가능하다.

세단기(세절기)

계약서와 중개대상물 확인설명서 그리고 신분증에 대해서 진위확인을 하기 때문에 부동산 중개사무소는 개인정보를 많이 취급하는 곳이다. 이런 많은 개인정보가 프린트물로 출력되기 때문에 이런 프린트물은 항상 세단기를 이용해서 문서 파쇄를 하는 것이 좋다. 손님들께서도 개인정보에 민감하시기 때문에 계약 진행 시 잘못 인쇄된 프린트물은 바로 세단기로 파쇄하면 된다. 세단기의 경우 약 4만 원 정도의 제품으로 아래 세 가지만 잘 지키면 장기간 충분한 성능으로 사용하실 수 있다.

1. 종이를 4장 이상 주입하지 않는다.
2. 종이가루 통을 수시로 비워준다.
3. 문서 세단기 전용 오일을 주기적으로 넣어준다(WD-40 같은 가연성 제품은 사용하면 안 된다).

전화(인터넷)

요즘 사무소 전화기는 대부분 인터넷 전화기를 사용한다. 따라서 인터넷이 되고 그 인터넷에 연결이 되면 070으로 시작하는 사무소 번호 개통이 가능하다. 요금제는 3,300원부터 1만 원까지 다양하다(LGU+기준). 1만 원짜리 요금제를 가입하면 사무소 전화기도 녹음이 가능하다. 그리고 인터넷의 경우에는 100MB 속도로 개통해도 업무에 충분하다.

보안업체 및 CCTV

보안업체에 월 정액을 내고 CCTV와 보안알림을 설정할 수 있다. 이 부분은 화재보험, 자동차보험과 비슷하다. 필요가 없을 경우에는 이런 비용이 아깝지만, 이슈가 발생하고 필요한 경우에는 매우 유용하다. 부동산 중개업을 하면 정말 다양한 이슈가 발생하므로 설치하는 걸 추천한다.

지도

핸드폰으로 지도를 잘 볼 수가 있고, PC로도 편하게 지도를 볼 수 있기 때문에 지도는 필수사항은 아니다. 하지만 주로 취급하는 지역을 한 번에 볼 수 있는 지도가 있으면 손님과의 브리핑 시 원활한 소통이 가능해진다. 네이버에 지도를 검색하면 지도를 취급하는 업체가 많이 있다. 롤스크린 지도의 경우 180cm×200cm 사이즈를 약 15만 원 정도에 구입할 수 있다.

사무소 의자, 책상

사무소 책상의 크기는 1,200cm는 작은 경향이 있고, 1,800cm의 경우 너무 큰 경향이 있다. 1,400cm의 크기가 부동산 중개업에서 가장 알맞은 책상 크기다. 그리고 책상 밑은 칸막이가 있으면 사생활 보호에도 좋다. 의자의 경우에는 대략 4만 원 정도에 구입이 가능하다.

캐비넷(잠금 장치)

부동산 중개업에서 계약서는 5년 보관이 의무다. 이렇게 중요한 계약서를 보관하기 위해서는 잠금 장치가 있는 캐비넷을 별도로 구입해서 보관하는 것이 좋다.

계약테이블 및 손님의자

사무소 책상과는 별개로 4명+1명이 둘러 앉아서 계약을 진행할 정도의 크기로 계약테이블을 준비하는 것이 좋다. 가성비 있는 테이블로 구성하려면 포밍테이블을 구입 후 상판은 시트지로 꾸미는 것도 방법이다. 손님의자는 계약 시와 잠시 앉아 계시는 용도이므로 푹신한 의자보다는 딱딱한 의자로 계약에 집중하실 수 있도록 하면 된다.

계약파일철

최종 계약 후 손님께 계약서를 정리해서 전달드릴 때 계약파일철을 들게 된다. 개당 400원짜리로 전달드릴 수도 있지만, 개당 1,300원짜리의 계약서 파일철을 사용 시 손님이 받게 되는 만족감은 900원 이상의 값어치를 하게 된다.

게시의무

공인중개사법 시행규칙 제10조(중개사무소등록증 등의 게시)에 의해서 다음과 같이 네 가지는 보기 쉬운 곳에 게시해야 한다.

부동산 게시의무 네 가지

- 공인중개사 자격증 원본
- 개설등록증 원본
- 보증의 설정을 증명할 수 있는 서류 사본(서울보증보험, 한국공인중개사협회)
- 중개보수 실비의 요율 및 한도액표 사본(관할 관청에 요청)

여기서 누락할 수 있는 부분은 보증보험증서다. 보통 두 페이지로 구성되어 있는데 양면으로 출력이 되어야 한다. 추후 계약 시 손님께도 보증보험증서는 항시 두 페이지가 모두 들어갈 수 있도록 양면으로 출력 후 제공해야 한다.

전단지

전단지의 경우에는 두 가지가 있다. 길거리에서 나눠주는 경우와 아파트 게시판 광고다. 길거리에서 나눠주는 경우에는 꼭 관할관청에 신고가 필요하다. 신고가 완료되었다는 표시로 전단지에 도장을 찍거나 천공기로 구멍을 찍어주는 경우가 있다. 몇천 매를 하려면 생각보다 많은 시간을 관할관청에서 시간을

투자해야 전단지 오프라인 배포를 할 수가 있다. 그만큼 간절한 작업이라는 생각이 든다.

아파트 게시판 광고는 관할관청이 아닌 해당 아파트 관리사무소의 확인이 있으면 게시가 가능하다. 전단지 디자인을 준비할 때에는 개설등록번호, 개설사무소 이름 전체, 대표자 이름, 주소 등 네 가지가 들어가게 하면 된다.

인력 수급 및 채용

부동산 중개업은 2단계로 구성된다. 손님을 맞이하고 임장 후 조율을 해서 계약테이블까지 앉히는 1단계, 계약 후 중개사고가 없도록 계약서, 중도금, 잔금 업무처리를 하는 2단계다. 2단계는 우대빵의 시스

템이 예방할 수 있지만, 1단계의 경우에는 개인 공인중개사의 역량이 매우 중요한 요소다. 예를 들어 손님이 취득세, 양도세를 문의한다면, 최종적으로는 세무사의 상담이 필요할 것이다. 그러나 그 전 단계에서의 간단한 개념정리 및 비용을 안내해주는 중개사와 아닌 중개사는 1단계에서 많은 차이가 있다. 이 차이는 계약테이블까지 손님을 이끄는 비율에서도 차이를 만든다. 부동산 투자에 관심이 있고 개인적으로 투자를 해본 경험이 있으면 투자 경험을 바탕으로 손님응대를 하면 장점이 있다. 이 상황에는 어떤 포인트가 의사결정에 중요한지 설명하면서 해결책을 제시하기 때문이다. 본인이 이런 능력이 없다면 능력이 있는 인력을 수급하는 것도 방법이다.

인력 수급 후에는 공인중개사법 제15조(개업공인중개사의 고용인의 신고 등)로 관할관청에 신고를 해야 한다.

국가공간정보포털 부동산 중개업 조회

국가공간정보포털(http://www.nsdi.go.kr)에서 열람공간을 클릭 후 부동산중개업조회를 누르면 현재 운영 중인 부동산 중개사무소에 대한 모든 정보를 알 수 있다. 대표 공인중개사부터 해당 중개사무소에 고용신고된 소속공인중개사와 중개보조원까지 확인이 가능하다. 상호, 사무소 소재지, 사무소 등록번호, 대표자의 이름, 대표자의 전화번호, 그리고 행정처분의 유무와 시작일, 종료일까지도 표시가 된다.

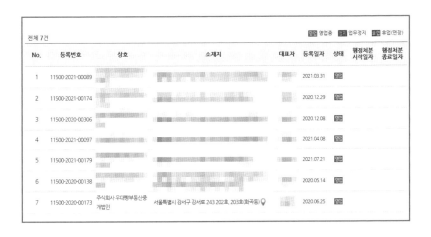

No.	등록번호	상호	소재지	대표자	등록일자	상태	행정처분 시작일자	행정처분 종료일자
						영업 영업중 영업 업무정지 휴업 휴업(연장)		
전체 7건								
1	11500-2021-00089				2021.03.31	영업		
2	11500-2021-00174				2020.12.29	영업		
3	11500-2020-00306				2020.12.08	영업		
4	11500-2021-00097				2021.04.08	영업		
5	11500-2021-00179				2021.07.21	영업		
6	11500-2020-00138				2020.05.14	영업		
7	11500-2020-00173	주식회사 우대빵부동산중 개법인	서울특별시 강서구 강서로 243 202호, 203호(화곡동)		2020.06.25	영업		

이 부분으로 손님들이 중개사무소에서 누가 본인을 응대했는지 알 수 있다. 소속공인중개사나, 중개보조원의 경우 이 부동산 중개업 조회에서 꼭 조회가 가능하게 신고를 완료 후 임장이나 손님응대를 해야 한다(근거법령은 공인중개사법 제15조 개업공인중개사의 고용인의 신고 등의 법률). 해당 신고는 정부24에서 고용인이 개인공인인증서로 신고가 가능하다.

정부24 민원안내 및 신청

소속공인중개사 또는 중개보조원 고용 신고, 고용관계 종료 신고, 소속공인중개사 인장등록

신청방법	인터넷, 방문, 우편	처리기간	즉시(근무시간 내 3시간)
수수료	수수료 없음	신청서	소속공인중개사또는중개보조원고용,해고,인장등록신고서 (공인중개사법 시행규칙 : 별지서식 11호) ※ 신청서식은 법령의 마지막 조항 밑에 있습니다. [신청작성예시]
구비서류		신청자격	누구나 신청 가능

[신청하기]

중개사무소를 처음부터 운영하려면 사무소 위치를 선정하고, 개설등록을 신청한다. 그리고 공제보험을 가입하고, 개설등록증을 수령하며, 사업자등록증을 발급받는다. 부동산 써브에 가입하고, 네이버 지도에 등록하며, 간판을 설치한다. 게시 의무를 체크하고, 전단지를 준비하며, 정부24에 고용인을 신고하고, 명함을 준비한다. 이렇듯 처음에는 해야 할 일이 많은 것이 사실이다. 처음 하는 일이다 보니 익숙하지 않고 생소해서 어려움을 겪을 수도 있다. 우대빵과 함께한다면 확장팀에서 체계적으로 지원이 가능하다.

(2021년 11월 기준)

1. 가맹점주 계약서 작성

① 정보공개서 및 인근 가맹점 현황 수령서 제공(수령일 제외하고 14일 이후부터 가맹계약서 작성 가능) - 수령서 작성 필수

② 가맹계약서 사전제공 및 가맹예치신청서 수령확인서(수령일 제외하고 14일 이후부터 가맹계약서 작성 가능) 비밀유지서약서 작성. 전자계약을 진행하는 경우 본인 명의 핸드폰 필수

③ 가맹계약일 당일 가맹금 예치 필요 : 가맹금 예치제도에 입금이 되어야 교육팀의 교육이 가능하다(미입금 시 교육 불가). 가맹금 예치 방법 매뉴얼을 제공하며 두 가지 방법으로 가능하다.

　- 첫째, 국민은행 창구 방문(가맹금 예치 신청서 작성)

　- 둘째, 인터넷뱅킹 기업서비스에서 이체 가능

④ 우대빵 시작 시 계약 종료, 해지 후에도 동종업계 개업·취업 제한이 있다(매물 자산 보호가 목적).

⑤ 2년 계약이며, 1년씩 연장한다.

⑥ 관리자 페이지 이용료는 월 20만 원(부가세 별도)이며, 가맹계약서 작성일부터 2년 동안은 면제된다. 비용은 3년 차부터 발생한다.

⑦ 가맹계약 이전 동종업계 취업·영업을 활동으로 파생하는 모든 이슈 및 책임은 계약자 본인이 져야 한다.

⑧ 우대빵 운영 매뉴얼 준수는 필수다.

2. 사무실 확보

① 월세, 인테리어, 사무실 집기는 계약자가 비용을 지불한다.

② 반드시 간판 규칙을 준수해야 한다(확장팀과 협업).

③ 컴퓨터, 사무실 집기, 프린트, 정수기, 롤스크린 지도, 경비(캡스), 인터넷, 전화기는 본인이 직접 한다(단, 본사 확장팀에서 업체 추천 가능).

④ 개설등록증은 '우대빵○○○공인중개사사무소'로 낸다.
  - 꼭 우대빵이 앞에 나오게 개설등록을 해야 하며, ○○○은 우대빵을 꾸며주는 단어를 사용한다.
  - 가맹점주 사무실 내 합동 사무실분들도 마찬가지다.

⑤ 기존에 본인이 직접 영업을 하고 있었던 부동산 중개사무소의 경우 사업자등록증, 개설등록증을 공유한 후 확인이 되면, 본사에서 간판 교체 비용을 전액 지원한다(최대 250만 원 부가세 포함). 본사에서 간판 업체를 선정하며 자리 이동 시에도 지원한다. 합동사무실의 간판은 지원되지 않는다.

⑥ 기존에 부동산 중개업 권리양도를 했던 이력이 있거나, 예정인 경우에는 경업금지 조항 체크는 필수다(특약에 경업금지 사항이 없을 시, 상법에 근거해서 10년간 경업금지로 피소될 가능성이 있음). 이 내용은 모두 본인의 책임이다.

3. 영업지역

- 영업거점지역은 행정동에 1개씩만 가능, 영업지역은 해당 구(시)만 가능하다(관리자 페이지에 해당 지역만 노출).

4. 중개 매출 처리(이 내용은 계약서에 명시되어 있음)

① 공동중개로 진행하며 중개 계약서에 우대빵의 지점이나, 본점의 도장이 들어가야 한다.

② 어떠한 사정으로 계약서에 도장이 들어가지 않고 중개 계약이 진행될 경우에는 미리 공유 후 7대3 비율로 매출을 분배한다.

③ 을의 영업지역이 아닌 곳에서 손님지로 매출이 발생하는 경우 미리 공유 후 7대 3의 비율로 매출을 분배한다(5-a 내용).

④ 대출 알선 등 중개와 유관한 업무로 발생하는 매출도 공유 후 7대 3 비율로 분배한다(알선으로 발생하는 돈은 결국 소비자에게 과다한 수수료로 발생하므로, 결국 소비자 불만 사항으로 피드백될 수 있음).

⑤ 매출 누락 시 계약해지가 가능하다(매출 증빙 제출 필수).

5. 손님지 매출

① 손님을 데리고 영업지역 외에서 제3자의 부동산 또는 우대빵 지점(가맹점사업자)과 공동중개를 할 수 있다(손님지 매출을 본사와 7:3으로 분배).

② 매물은 영업지역에서 모두 공유하므로 매물지의 경우 본사와 7:3
으로 나눈다.

6. 매물 및 손님 지원

① 본인 매물은 인정하지 않으며 모두 우대빵 매물로 귀속된다.
② 같은 영업지역 안에서 매물은 우대빵 매물로 본인만의 매물로 취
급하는 것은 금지한다(계약해지 사유). 이를 지키지 않으면 우대빵 시
스템이 운영될 수 없다. 내부 경쟁보다는 외부 경쟁을 해야 한다.
③ 매물지든, 손님지든 직접 계약서 작성, 중도금, 잔금 업무를 모두
처리해야 한다.

7. 교육

① 개설 전에 기본교육(3일) + 심화교육(2일) + 실무교육 (1일)을 수료
해야 중개사무소 오픈이 가능하다.
② 교육의 목적은 우대빵 시스템을 이용해서 중개업 운영의 가능 여
부를 판단하는 것이다.

8. 비밀유지

- 계약 종료, 해지 후 1년 동안 매물이 노출된 지역에서 개업공인중개사, 소속공인중개사로 등록하려면 우대빵의 동의가 필요하다.

9. 만료, 갱신, 종료, 해지 시

① 만료(종료) : 공동으로 간판 및 철거 비용 부담
② 갱신 : 90일 전에 서면으로 갱신을 하겠다고 본사에 알려줘야 한다(갱신비 10만 원 입금).
③ 해지 : 해지 사유를 발생시킨 당사자가 비용을 처리한다.

10. 일반과세자로 오픈 원칙

① 법인 본사, 지점은 일반과세자다.
② 추후 7:3으로 정산 시 간이과세자로 오픈 진행할 경우 부가세가 발생한다.
  - 간이과세자와 일반과세자와의 거래 : 매도, 매수를 전액 일반과세자가 수취하는 경우, 본사는 부가세를 납부해야 하므로 부가세 별도금액에서 비율대로 정산한다. 매도, 매수를 전액 간이과세자가 수취하는 경우, 부가세 별도인 금액에서 비율 계산 후 부가세를 추가해서 법인 본사, 지점에 정산해야 한다.

우대빵과 함께하는
성공 부동산 중개사무소 창업

③ 간이과세자는 매입세액공제가 불가능한 사업자이므로 정산 시 일반과세인 본사와 지점은 매입공제를 받을 수 없다.

④ 가맹점사업자는 일반과세자로 오픈해야 한다. 일반과세자인 경우에 정산 시 항상 부가세 포함으로 서로 정산이 가능하다.

⑤ 일반과세자와 간이과세자의 차이는 부가세 납부 차이가 있다. 고객에게 부가세를 받기 때문에 금액적으로 손해는 없다.

⑥ 1인 사업자(직원이 없는 경우)에는 부가세 신고 10만 원(부가세 별도), 소득세 신고 때 비용 20만 원(부가세 별도, 세무사 사무소 서비스 이용 평균 가격)이 발생한다.

⑦ 근로자가 생기면 매월 원천세 신고를 해야 하므로 기장료 월 8만 원(부가세 별도, 세무사 사무소 서비스 이용 평균 가격)이 발생한다.

가맹점주 혜택 요약 정리

1. 우대빵 영업표지 사용권 제공

2. 기존 단독 부동산 업체 : 같은 사무실 자리에서 간판만 교체한다면 교체 비용 지원(최대 250만 원, 부가세 포함), 시공은 본사에서 진행, 합동 사무소는 지원 불가능

3. 매매, 전세, 월세 계약서 검토(영업일 기준 2일 전 사전 요청 시 가능)

4. 중개 업무에 필요한 정기적, 비정기적 교육 제공

5. 중개 업무 체크리스트 제공

6. 영업에만 집중할 수 있도록 유료(업무위탁) 월 30만 원(부가세 별도)으로 매물 접수, 광고 수정, 갱신 업무 진행 가능

유튜브는 기본,
블로그는 필수

중개사무소
SNS 마케팅

욕심 없이 기록의 목적으로 시작했던 첫 SNS 활동

필자는 30대 초반이었던 2013년 말에 갑작스럽게 금붕어를 선물 받게 되면서 이 일을 계기로 온라인 활동을 시작하게 됐다. 물고기를 키워본 적이 있는 분들은 잘 아시겠지만, 처음 물고기를 사육할 때에는 다양한 애로사항을 경험하기 마련이다. 가장 처음 접하게 되는 애로사항은 물고기를 키우기 시작해 2~3일이 지나면서 어항 물이 뿌옇게 변하고 물에서 악취가 진동하는 일이다. 대부분이 그러하듯 필자도 안절부절하다가 책도 찾아보고 온라인에서도 한참을 검색하며 지식을 쌓기도 하고 네이버 카페, 다음 카페 같은 온라인 커뮤니티에 질문도 하고 답변도 받으며 그렇게 하나둘 배워 갔다.

필자는 학창시절, 생물과목을 좋아했다. 물고기를 키우는 것은 더욱

지적 호기심을 자극하기에 충분했다. 이렇게 알게 된 지식들을 일기처럼 써나갔던 공간이 바로 블로그였다. '금이'라는 닉네임도 당시에 처음 사육했던 물고기에게 붙여줬던 이름이었는데, 지금은 온라인 활동명이 되었다. 당시의 첫 시리즈 게시물은 '금이의 금붕어 키우기'였다. 그 이후로 '금이의 베란다 연못', '금이의 난주 금붕어', '마트표 금붕어 키우기', '금이의 4자 수조 세팅기', '금이의 자반어항 세팅기' 등의 시리즈물을 포스팅하게 됐다.

어느 날 인터넷을 살펴보는데 누군가 블로그로 용돈을 벌었다는 글을 접하게 되었다. 이때까지만 해도 별다른 목표의식 없이 기록의 목적으로만 포스팅을 하고 있었는데, 누군가는 블로그로 돈을 벌었다니 관심이 갔다. 그래서 알게 된 것이 네이버의 '애드포스트'였다. 애드포스트는 자기가 운영하는 블로그 글 중간에 네이버 측에서 광고 배너를 게시하고, 그 수익을 창작자와 나누어 가져가는 수익플랫폼으로 이해하면 된다. 애드포스트의 심사의 기본 조건은 세 가지다.

1. 블로그 개설 후 90일 경과
2. 포스팅 발행 건수 50건 이상
3. 일 방문자 100명 이상

필자는 당시 일평균 방문자 수가 300~500명이었는데, 이 세 가지를 일찌감치 충족하고 있었다. 2019년 초에 애드포스트를 처음 신청했고 한 달에 커피 한두 잔 사먹을 수 있는 정도의 돈이 들어왔다. 큰돈은 아니었지만 공돈이 생겼다는 생각에 기분이 좋았다.

블로그에 취미로 기록했던 내용들이 돈이 되었다는 생각이 들자 수익을 조금 더 내보고 싶은 욕심도 들었다. 그래서 네이버 포스트, 유튜브, 인스타그램, 네이버 지식인까지 다양하게 시도해봤다.

많은 사업자분들은 본인의 상품들이 잘 노출되고 홍보될 수 있는 그런 SNS 채널을 통해 광고를 할 수 있길 바란다. 어느덧 필자의 블로그, 인스타그램, 유튜브 채널이 광고주분들이 선호하는 SNS가 되었고, 지금은 1년에 약 400개가 넘는 물품들을 협찬받아서 리뷰하고 있다. 이러한 경험들을 통해 알게 된 블로그 상위노출 전략과 유튜브 제작 기법에 대해서 설명해보고자 한다.

왜 SNS를 해야만 하는가?

1990년대 후반쯤 인터넷망이 전국에 깔리면서 2000년대 초반에는 거의 모든 가정에 인터넷이 보급되었다. 다양한 검색 포털에 이어 SNS까지 생겨나게 된다. 네이버는 2002년에 네이버 지식인, 2003년에 네이버 블로그를 출범하면서 오늘날까지도 우리나라에서 가장 거대한 인터넷 포털사이트로 군림하고 있다. 그 이후로 대표적인 SNS들로는 2004년 페이스북, 2005년 유튜브, 2006년 트위터, 2010년 인스타그램이 출시되었다.

2003년 10월　　2004년 2월　　2005년 2월　　2006년 7월　　2010년 10월

오픈서베이(Opensurvey)에서는 매년 3월에 소셜미디어 및 검색 포털 트렌드 리포트를 제공하고 있다. 이 리포트에는 정보탐색 시 이용하는 사이트 순위가 나온다.

1위부터 5위까지 나열해보면 네이버 93.5%, 유튜브 74.6%, 구글 58.8%, 인스타그램 37.7%, 다음 31.5%순이다. 네이버는 대부분이 상상하는 것과 동일하게 1위를 차지하고 있다. 흥미로운 점은 유튜브 플랫폼이다. 유튜브를 단지 재미있는 영상을 보는 용도로 사용하는 것이 아니라 정보탐색 시 이용하는 사이트 순위에서 2위를 차지하는 부분에 주목할 필요가 있다.

과거에는 도서관이나 신문지면에서 정보를 찾았다면 오늘날에는 네이버와 유튜브에서 정보와 지식들을 찾는 세상이 되었다.

부동산 분야에서도 변화의 바람이 불고 있다. 예전에는 임장을 두 발로 뛰며 보러 다니고 공인중개사 사무소를 통해서만 정보를 얻었던 시절이 있었다. 이제는 인터넷에서 먼저 정보를 찾고 인터넷에서 얻은 정보를 기반으로 다른 정보들을 보충하며 지식을 쌓아가는 세상이 되었다.

블로그나 유튜브에 올라온 어느 공인중개사의 콘텐츠에 도움을 받기도 하고, 또 그러면서 그 공인중개사를 더욱 신뢰하게 되는 그러한 세상이 되었다.

얼마 전 어떤 분의 명함을 보니 블로그와 유튜브 채널도 적혀 있었다. 블로그와 유튜브 채널이 있다니 꽤나 젊고 열정이 넘치는 분 같아 보이기도 하면서 또 무척 전문가답다는 생각이 들면서 신뢰가 갔다. 실제 그분의 블로그와 유튜브 채널을 들어가보지 않았지만 블로그와 유튜브를 하고 있다는 것 자체만으로도 충분히 신뢰가 가고 팬이 되는 듯한 마음까지 들었다. 이제는 명함에 블로그와 유튜브 채널을 적는 것만으로도 상대방으로부터 신뢰를 얻을 수 있는 세상이 되었다. 정보를 찾기 위해 과거에는 신문이나 책을 찾아보거나 두 발로 뛰어다녔다면 이제는 SNS를 통해 정보를 찾는 세상이 되었다. 여러분도 SNS 운영을 통해 고객으로부터 신뢰감도 얻고, 여러분의 전문성을 온 사방에 소개하고 팬도 만들어보시기 바란다.

상위노출 알고리즘은 어떻게 되나?

네이버에서는 상위노출이 되는 완벽한 공식을 오픈하지는 않고 있다. 2016년까지는 45일~60일 정도 하루 한 포스팅 이상 꾸준히 게시를 하면 최적화 블로그가 되었다. 블로그를 의도적으로 최적화 작업을 해두고, 그 블로그를 사고파는 행위도 생겨나기도 하고, 광고도 범람하게 되면서 네이버 측에서는 결단을 내리게 된다. 그래서 2016년에 도입된 것이 C랭크 알고리즘이다. C랭크 알고리즘은 단순히 꾸준한 포스팅만 요구하지 않고, 포스팅의 품질을 중요하게 여긴다고 보면 된다.

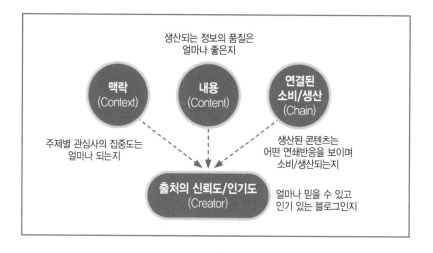

- **Context**(맥락) : 주제별 관심사의 집중도는 얼마나 되는지
- **Content**(내용) : 생산되는 정보의 품질은 얼마나 좋은지
- **Chain**(연결된 소비/생산) : 생산된 콘텐츠는 어떤 연쇄반응을 보이며 소비/생산되는지
- **Creator**(출처의 신뢰도/인기도) : 얼마나 믿을 수 있고 인기 있는 블로그 인지

이후 2018년에는 출처의 신뢰도를 검색결과 랭킹(상위노출)에 반영하는 C-랭크 방식을 보완하기 위해 D.I.A(다이아) 모델을 적용하게 된다.

D.I.A(다이아, Deep Intent Analysis) 모델은 문서의 주제 적합도, 경험 정보, 정보의 충실성, 문서의 의도, 상대적인 어뷰징 척도, 독창성, 적시성 등을 따져 사용자들이 선호하는 문서들에 대한 점수를 랭킹에 반영한

모델이다.

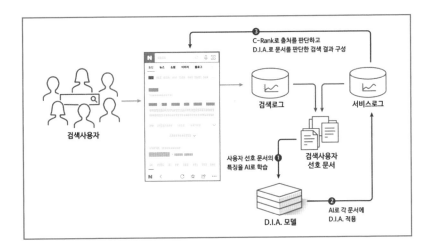

C-랭크 알고리즘이 사라진 것이 아니라 D.I.A모델과 함께 병행되어 사용되고 있다. 네이버 측의 이야기로는 C-랭크가 높거나 D.I.A 점수가 높을수록 검색결과 랭킹(상위노출)에 유리하다고 한다.

최근에는 네이버 인플루언서로 선정된 분들의 글들을 우선적으로 노출하기도 하는 등 네이버에서도 다양한 방법들을 시도하고 있다.

네이버에서는 상위노출을 C-랭크와 D.I.A모델로 관리하고 있다고 언급하고 있을 뿐 구체적인 공식 같은 것은 언급하고 있지 않다. 하지만 상위노출을 간절히 바라는 사람들은 있기에 최대한 단기간에 효율적으로 상위노출하는 전략들은 관련 업체나 전문가들이 방법을 제시하고 있다. 대표적인 업체가 바로 체험단 업체다.

우대빵과 함께하는
성공 부동산 중개사무소 창업

체험단 업체들의 상위노출 공식

상위노출은 네이버에 특정 키워드로 검색할 때에 첫 페이지 상단에 가장 먼저 노출이 된다는 이야기다. 그만큼 검색한 사람들이 클릭하게 될 확률이 높아지게 된다. 상품을 이제 막 개발하고 런칭해서 판매하고 싶은 분들에게는 가장 바라는 일이기도 하다.

우리나라에는 수십, 수백 개의 체험단 업체들이 존재한다. 체험단 업체는 광고주와 인플루언서를 중개하는 업체라고 이해하면 된다. 광고주들도 많이 찾고 인플루언서도 많이 찾는 체험단 업체일수록 효과는 커지게 된다. 체험단 업체에 체험 물품이 많이 올라오면 인플루언서들도 많이 찾아오게 되고, 인플루언서들이 많이 찾으면 역시 또 광고주들이 많이 찾게 되어 선순환을 하는 것이다.

인플루언서들이 작성한 리뷰가 상위노출이 잘되어야 광고주들이 계속 찾아오게 되므로 체험단 업체에서는 인플루언서들에게 기본적인 가이드를 제공한다.

유입 키워드, 리뷰 미션(상품 특징 강조), 글자 수/사진 수/동영상, 상품 구매링크와 같은 가이드를 제공한다. 네이버에서 상위노출 알고리즘을 오픈하지는 않았지만, 체험단 업체만큼은 어떤 조건에서 상위노출이 잘되는지 알아야 사업을 잘 영위할 수 있다.

사진	글자 수	동영상
6~10장	600~1,000자	1개(20초)

체험단 업체마다 인플루언서들에게 요구하는 수준이 조금씩 다르지만 대략 사진은 6~10장 이상, 글자 수는 600~1,000자 이상, 동영상 1개(20초 이상)를 요구하고 있다.

생산되는 콘텐츠의 품질이 얼마나 좋은지 판가름하는 기본적인 요소가 바로 사진, 글자 수, 동영상 여부에서 시작한다고 보면 되겠다.

품질만 중요한 것이 아니라 주제별 관심사에 대한 집중도 중요하다.

어떤 주제로 시작해야 할까?

모든 일이 그렇듯이 무엇인가를 억지로 하는 것은 정말 힘든 일이다. 블로그나 유튜브 같은 SNS 활동도 억지로 하는 상황이라면 좋은 콘텐츠가 나올 수 없고 늘 고통만 따르게 된다.

처음 시작은 가장 자신 있는 주제로 시작해보면 좋겠다. 살다 보면 '내가 이 분야만큼은 100명 중 30명 안에 들 정도로 우수하지!'라고 생각이 드는 그런 분야가 있기 마련이다. 남들보다 푹 빠져 있던 특정 분야가 있을 것이다. 이런 주제로 콘텐츠를 만들면 전문성 있는 콘텐츠가 나오게 될 것이다.

내가 전문성이 없더라도 좌충우돌 초보부터 성장해나가는 성장일기 방식의 콘텐츠도 좋다. 부동산 중개사무소를 창업하며 겪는 일화들을 하나하나 기록해나가는 것도 좋다.

엔터테인먼트·예술	생활·노하우 쇼핑	취미·여가·여행	지식·동향
○ 문학책	○ 일상·생각	○ 게임	○ IT·컴퓨터
○ 영화	○ 육아·결혼	○ 스포츠	○ 사회·정치
○ 미술디자인	○ 애완·반려동물	○ 사진	○ 건강·의학
○ 공연·전시	○ 좋은 글·이미지	○ 자동차	○ 비즈니스·경제
○ 음악	○ 패션·미용	○ 취미	○ 어학·외국어
○ 드라마	○ 인테리어·DIY	○ 국내여행	○ 교육·학문
○ 스타연예인	○ 요리·레시피	○ 세계여행	
○ 만화·애니	○ 상품리뷰	○ 맛집	
○ 방송	○ 원예재배		

네이버 블로그에는 여러 가지 카테고리들이 있다. 카테고리에 맞는 특정 주제로 콘텐츠를 꾸준히 올리면 해당 카테고리는 상위노출이 잘 되곤 한다. 처음 시작할 때에는 카테고리를 다양하게 하기보다는 한 분야만 집중적으로 하는 것이 좋다. 특정 카테고리를 충분히 키웠다면 다른 카테고리로 확장하는 것도 좋은 방법이다.

나의 경우는 애완/반려동물, 패션/미용, 인테리어/DIY, 요리/레시피, 상품리뷰, 자동차, 맛집, IT/컴퓨터, 비즈니스/경제 이러한 카테고리들을 키웠다. 현재는 각 카테고리에 올리는 글들이 모두 상위노출이 잘 되고 있다.

하나의 분야로만 블로그를 성장시키면 연결되어 있는 이웃분들의 관심사에 딱 맞게 된다. 다양한 카테고리를 키운다면 블로그 이웃분들의 취향에는 맞추지 못하는 경우도 생기게 된다. 카테고리를 확장할 때에는 이러한 부분을 고려하는 게 좋겠다. 필자는 본인이 관심이 있는 다양한 분야를 다루는 것을 좋아해서 여러 카테고리를 키운 유형에 해당

한다.

사용자는 전문적인 글이나 경험적으로 얻어진 정보 글을 찾아 다닌다. 특정 분야에 대해 논문을 쓸 정도의 전문적 지식이 있다면 전문가라고 쉽게 평가할 것이다. 학위 정도의 전문성이 있지 않은 상황에서는 전문적이라는 단어는 부담스러운 단어 같기도 하다. SNS에서는 학위 정도의 전문적인 글을 찾는 것이 아니다.

그 분야에 충분히 심취해 있어서 깊이 있게 내용을 이해하고 그 내용을 쉽게 설명하는 글을 선호한다. 또는 전문성은 없더라도 여행 다녀온 후기나 맛집을 다녀온 후기 글도 매우 좋은 정보 글이 되기도 한다.

부동산 중개사무소를 창업하면서 처음부터 대단한 정보 글을 게시하는 건 무척 부담스럽다. 처음에는 창업까지 겪게 된 좌충우돌 성장일기 형태가 무난할 것 같다. 그러면서 새롭게 알게 된 지식들이 더해지면 정말 훌륭한 양질의 블로그로 성장할 수 있을 것이다.

좋아요와 댓글로 소통하기

C-랭크에서는 생산되는 콘텐츠의 품질, 주제별 집중도 중요한 요소이지만, 사용자 간 얼마나 연쇄적인 반응을 보이며 소비되고 생산되는지도 중요하다.

나의 블로그 이웃이 작성한 새 글에 '좋아요' 하트를 눌러주고, 댓글도 달아보기 바란다. 그리고 내 블로그 글에 누군가 댓글을 달았다면 대댓글로 반응을 보이며 소통해보기 바란다.

댓글에 이모티콘만 붙일 수도 있지만 이모티콘 댓글보다는 텍스트 댓글이 좀 더 효과적이라는 분도 있다.

댓글을 달아주고 대댓글을 다는 행위가 번거로운 일이지만 상위노출 전략 중 하나임은 기억하기 바란다.

제목과 키워드 정하기

꾸준히 글을 작성하고, 사진, 글자 수, 영상을 활용해 작성하고, 주제와 카테고리도 정하고, 댓글로 소통하는 것만 해도 정말 블로그 운영을 잘 하는 거라고 보면 된다.

조금 더 전략적으로 블로그를 운영하기 위해서는 제목과 키워드 선정을 잘 해야 한다. 제목이 어설프고 키워드 전략이 없어도 상위노출이 되는 경우도 있지만, 제목과 키워드 전략이 좋으면 더욱더 상위노출 가능성을 높일 수 있다.

필자가 현재 거주 중인 강서구의 우장산SK뷰아파트를 많은 사람들에게 노출하고 홍보해서 부동산 가격에 긍정적인 영향을 미치게 하고 싶다고 가정해보겠다.

이 아파트를 소개하기 위한 메인 키워드와 서브 키워드를 정할 필요가 있다. 투자자 관점에서 한 번쯤 검색해볼 만한 저평가 아파트라는 키워드를 메인 키워드로 정해봤다.

메인 키워드 : 강서구 저평가 아파트

서브 키워드 : 강서힐스테이트, 우장산SK뷰

키워드를 정할 때에는 연관 검색어나 자동완성 기능을 이용하는 것도 좋은 방법이다. '강서'라고 검색하면 사람들이 강서와 연관된 어떤 검색어를 가장 많이 입력하는지 연관 검색어나 자동완성 기능에서 알 수 있다.

제목은 내용을 잘 표현하면서 흥미로운 제목으로 정하시면 좋다. 요즘에는 모바일에서도 쉽게 식별할 수 있는 짧은 제목들이 선호되고 있다.

메인 키워드와 서브 키워드를 정했다면 메인 키워드를 가장 앞에 배치하면서 서브 키워드가 포함된 제목을 지으면 좋다.

제목 1 : [강서구 저평가 아파트] 강서힐스테이트 vs 우장산SK뷰 실거래가 추이현황!

제목 2 : 당신만 모르는 강서구 저평가 아파트! 강서힐스테이트 맞은 편 우장산SK뷰아파트가 이 정도?

첫 번째 제목은 심플한 제목이고 두 번째 제목은 흥미로운 제목이 되겠다.

사람의 심리가 저마다 다르겠지만 상대적으로 후자의 제목에 좀 더 끌리기 마련이다. 제목을 글 작성 시작단계에서 결정해도 되고, 글을 다 작성하고 마지막에 작성해도 좋다. 주의할 점은 키워드만 쭉 나열하는 제목은 피하기 바란다.

키워드만 나열한 부적합한 제목 : 강서구 저평가 아파트, 강서힐스테이
트, 우장산SK뷰, ○○○부동산

키워드는 본문에도 최소 3~5회는 반복해서 등장시키면 좋다. "이 아
파트는 1층에 주차장이 없어서 깔끔하고 안전해서 좋습니다"라는 문
장이 있다면 상위노출을 위해서는 아래와 같이 바꿔주는 게 좋다.

"우장산SK뷰아파트는 1층에 주차장이 없어서 깔끔하고 안전해서 좋
습니다."

정리하면 키워드(메인 키워드, 서브 키워드) 정하기, 키워드만 나열하지 않
기, 제목은 자연스럽고 흥미롭게 작성하기, 키워드는 본문에 최소 3~5
회 반복해서 자연스러운 문장으로 넣기, 이렇게 정리할 수 있겠다.

저품질 블로그 피하기

어느 덧 상위노출이 되기 시작하는 시점이 온다면 저품질 블로그로
낙인이 찍히는 상황이 오지 않도록 주의 관리를 해야 한다.

대표적으로 글과 사진을 재활용하는 경우가 있다. 네이버는 새롭게
창조된 글과 새로운 사진을 지향한다. 오래된 내용을 자꾸 우려먹는다
면 저품질 블로그가 될 수 있다.

내가 이전에 작성했던 글과 동일한 내용을 설명하고 싶다면 그대로 복사해서 붙여넣기 하기보다는 새로운 느낌으로 다시 작성해보는 것이 좋다. 사진의 경우 사진의 크기를 조금 다르게 하던지, 사진 위에 다른 글씨를 적어 넣던지, 색상을 다르게 하는 등의 방식으로 이전에 업로드 했던 사진과는 다른 사진이 올라오도록 하면 좋겠다.

무분별한 URL 링크도 저품질 블로그의 원인이 되기도 한다. 무분별하게 URL을 갖다 붙이기보다는 필요한 경우 최대 2~3개 정도의 링크만 사용하는 것을 권한다.

한 번 저품질 블로그로 낙인이 찍히면 회복시키는 데에 몇 개월이 걸리기도 해서 아예 다른 아이디를 생성해서 새로운 블로그로 시작하는 게 낫다고 하는 분들도 있다. 한 사람당 최대 3개의 아이디를 만들 수 있으니 필요한 경우 다른 아이디를 만들어보는 것도 고려해보기 바란다.

유튜브의 허와 실

네이버 블로그에 대한 이야기에서 유튜브에 대한 이야기로 넘어와 본다. 유튜브를 처음 시작할 때에는 착각과 환상을 가지게 되는 경우들이 있다.

음식 장사를 시작하는 것도 마찬가지인데, 내가 주위사람들로부터 음식을 잘 만든다는 이야기를 듣고 자신 있게 식당을 차렸는데, 막상 개업 후 어려운 나날이 계속된 사례는 많이 접해봤을 거다. 마찬가지로 내가 평상시 주위 사람들을 잘 웃긴다고, 말발이 된다고 하는 분들이 직장까지 그만두면서 유튜브로 뛰어드는 경우들이 있다.

막상 유튜브를 시작하면 다양한 애로사항을 경험하게 된다. 첫 번째는 생각 이상으로 촬영하고 편집하는 데에 시간이 많이 소요된다. 두 번째는 생각만큼 조회 수나 구독자가 늘지 않아 자신감을 잃기도 한다. 그러면서 수익도 직장에서 받던 월급만큼 나질 않으니 유튜브를 접게 되는 경우들도 많이 나온다.

조회 수나 구독자는 어떤 양질의 콘텐츠로 기획하는지에 따라 달라지는 부분이 되겠다. 여러분들께 유튜브를 촬영하고 편집하는 데 조금이나마 도움을 드리고자 제작 노하우에 대해 설명을 해보겠다.

유튜브 제작 과정

유튜브를 제작하는 과정을 아래 도표로 정리해봤다.

기획	원고작성	촬영/연기	컷 편집

– 콘텐츠 소재 발굴
– 전달하고자 하는
  핵심요소 정리
– 장면/스토리 라인
	– 장면별 멘트 준비	– 스마일 유지
		– 중저음보다는
		  하이톤
		– 목소리 강약조절
			– 불필요 소리 삭제
			  (어, 음, 스읍)
			– 무음구간 삭제
			– 불필요 장면 삭제

자막	음악	효과음	썸네일

– 가독성 높은 폰트
  (상업용 무료 폰트)
– Vrew를 활용 시
  시간단축 가능
	– 주제와 어울리는
	  배경음악 선택
	  (음성이 묻히지
	  않도록 볼륨조절)
		– 강조포인트에서
		  알맞은 효과음
		  사용(박수, 와우,
		  웃음, 띵, 뾰로롱)
			– 호기심을 자극하는
			  썸네일 제작

기획부터 원고작성까지

사전에 기획을 하는 것은 매우 중요한 일이다. 기획 없이 즉흥적으로도 촬영을 할 수는 있다. 하지만 콘텐츠 소재를 발굴하고, 전달하고자 하는 핵심요소를 정리하고, 스토리라인을 짜고 원고작성까지 준비해둔다면 더욱 완벽해질 것이다.

우장산SK뷰 아파트를 소개하는 내용의 콘텐츠를 기획해보겠다.

이 아파트는 어떤 점이 가장 매력적인지를 세 가지 이내로 정리하면 좋겠다. 너무 많으면 기억에 남지 않고 세 가지 이하로 정리하면 좋다. 더 많은 매력을 어필하고 싶다면 그룹을 세 가지로 묶어보는 것도 방법이다.

자기 소개 : 안녕하세요. 금이입니다.

아파트 소개 : 오늘은 서울시 강서구에 위치한 저평가 아파트 우장산SK뷰를 소개해보겠습니다.

대표 특징 : 대표적인 특징 세 가지를 꼽으라면 소단지인데 헬스장이 있다는 점, 주차공간이 충분하다는 점, 주변 부동산에 비해 가격이 저렴하다는 것으로 정리할 수 있겠습니다.

전경 소개 : 전경부터 살펴보겠습니다. 놀이터, 산책로, 분수대….

특징 1(헬스장) : 우장산SK뷰아파트가 저평가 아파트라고 말씀을 드렸는데요. 소단지 아파트인데도 이렇게 멋진 헬스장이 운영되고 있습니다. 헬스장 이용료도 월 1만원 수준으로 굉장히 저렴하다고 합니다.

특징 2(주차장) : 우장산SK뷰는 1층에 주차장이 없고 모두 지하에 주차하도록 되어 있습니다. 그래서 아파트 1층이 무척 깔끔하고 아이들이 다니기에도 안전합니다. 주차공간도 세대당 1.3대 주차공간이 확보되어 있어서 이중 주차할 일 없이 편하게 주차를 할 수 있어서 좋습니다.

특징 3(가격) : 주변 부동산에 비해 가격이 저렴한데요. 바로 길 건너편 강서힐스테이트 25평 거래 가격보다 우장산SK뷰 41평 가격이 저렴합니다. 자녀가 2명인 가족이라면 방 3개가 부족하다고 느끼기도 하는데요. 25평의 거의 두배에 해당하는 41평이라면 방도 4개라 충분하고 드레스룸에 다양한 공간활용까지 할 수 있어서 좋습니다. 31평도 4베이와 3베이 형태로 구성되어 있어서 최신 트렌드가 잘 반영된 아파트입니다. 2015년도의 가격과 현재 가격을 비교해볼 때 상대적으로 덜 상승한 측면이 있어서 저평가 아파트로 볼 수 있을 것 같습니다.

마무리 : 여기까지 우장산SK아파트 소개해봤습니다. 저는 다음에 더 좋은 내용으로 찾아뵙겠습니다. 안녕~!

원고 작성하는 것이 번거롭다면 원고 없이 해도 괜찮다. 하지만 원고가 있으면 촬영시간과 편집시간이 단축되어서 좋다. 횡설수설 말이 길어지는 경우를 막을 수 있고, 중요한 내용을 빼먹는 일도 없어서 좋다.

원고를 다 외워야 하나요?

기획 단계에서 스토리 라인을 짜면서 자연스럽게 원고를 작성하면 된다. 원고를 준비했다면 전부를 외울 수 없기에 걱정이 하나 늘어나게 된다. 원고를 보고 읽는 모습을 촬영한다면 너무 어설퍼 보이기 때문에 권장하지 않는다. 시선은 나를 촬영하는 렌즈를 보아야 영상을 보는 사람과 아이 콘택트가 되고, 더욱 전문적으로 보인다.

카메라 바로 밑에 원고를 붙여두는 방식도 좋은 방식이 아니다. 시선이 원고를 따라 움직이는 것이 보이기 마련이다. 방송국에서는 프롬프터라고 부르는 장비를 사용한다. 카메라 렌즈 위치에 자막이 보이는 방식인데 가격이 400만 원대로 무척 비싼 편이다.

초보 유튜버들이 프롬프터까지 장만하는 건 부담스러운 일이다. 프롬프터도 필요 없고, 원고를 붙여 둘 필요도 없고, 원고를 모두 외울 필요도 없다.

원고를 슬쩍 한 문장씩만 대충 기억하고 카메라 렌즈를 보고 이야기하고 다시 원고를 보고 기억하고 또 한 문장을 이야기하면 된다. 나중에 편집 때 잠시 원고를 내려다본 부분만 잘라내고 이야기한 부분들만 이어 붙이면 엄청 자연스럽고 전문적으로 보이게 된다.

한 문장을 한 글자도 안 틀리게 이야기하려고 하지 말자. 대충 어떤 이야기를 하려는 건지 주제만 기억했다가 딱 한 문장만 이야기하고 바로 원고를 보면 된다. 이런 방법을 사용한다면 원고를 외울 필요도 없고 촬영에 대한 부담이 훨씬 줄어들게 된다.

경쾌한 목소리 톤과 밝은 미소

영상을 촬영할 때는 미소 짓는 표정과 목소리 톤이 중요하다. 무표정한 얼굴로 중저음의 낮은 목소리로 촬영한다면 영상을 보는 시청자 분들을 지루하게 만든다. 촬영하는 내내 미소를 유지하고 평소의 목소리 톤보다는 조금 업 된 느낌의 경쾌한 하이톤으로 촬영해보기 바란다. 훨씬 영상이 활기차고 에너지가 느껴지게 될 것이다.

필자는 촬영에 임할 때 연기자의 모습으로 임해야 한다고 강조하는 편이다. 유명 아이돌 가수들도 노래를 시작하면서 끝날 때까지 미소를 짓고 인터뷰를 할 때에도 계속 미소를 짓는다. 아이돌 가수들도 미소 짓는 훈련을 통해 그렇게까지 할 수 있는 거다. 대부분의 사람들은 미소를 짓는 훈련이 되어 있지 않기 때문에 미소를 지으며 촬영에 임한다는 것이 무척 어색하고 힘들 것이다.

나는 본래 미소를 잘 못 짓는 사람이라고 단정을 짓지 말고 미소를 짓는 것도 연습해보고 목소리 톤도 훈련을 통해 조금씩 개선해보기 바란다.

3~5분 길이의 짧은 영상

관상어 관련 유튜브를 운영하면서 수족관 방문기를 올리곤 했다. 한 번은 관상어산업박람회에 참석해서 모든 부스를 돌면서 2~3시간 가량 촬영하고 며칠 동안 편집해서 47분짜리 영상을 만들어 올린 적이 있다. 촬영 시간도 길고 편집하는 시간도 정말 오래 걸렸다. 노력은 많이 했지만 47분짜리 영상이라니 정말이지 너무 긴 콘텐츠다. 영화처럼 흥미진진한 것도 아니고, 다큐멘터리 같이 잘 짜여진 콘텐츠도 아니다 보니 찾는 사람도 적을 수밖에 없던 것 같다. 유튜브를 잘 모르던 시절에 만들었던 흑역사 같은 영상물이라고 보면 되겠다.

필자는 현재 영상을 5분~7분 정도 분량으로 만들고 있다. 여러분들도 영상의 길이를 5분 이내로 담으려는 노력을 끊임없이 하기 바란다. 영상을 압축해서 만드는 연습을 하면 보다 핵심을 잘 정리해서 단기간에 효과적으로 내용을 전달하게 될 것이다. 촬영시간과 편집시간도 덩달아 줄어들게 된다.

리얼리티 vs 컷 편집

촬영과 편집에는 컷(Cut)이 있다. 컷은 대사 하나가 끝나면 영상을 자르고 다른 장면으로 전환되는 것을 말한다. 촬영버튼을 누르고 정지 버튼을 누르기까지 한 번도 끊어짐이 없었다면 원테이크(One Take)라고 이야기한다. 원테이크 기법은 한 번도 끊지 않은 영상이기에 조작 없는 리얼리티를 강조할 수 있을 것 같은 생각이 들기 마련이다. 사실 원테이크는 영화나 드라마에서도 잘 사용하지 않는 기법이다. 원테이크가 사용된 영화나 드라마는 찾아보기 힘든 편인데 그중에서도 영화 〈올드 보이〉의 원테이크 장면이 유명하다. 〈올드 보이〉의 망치 격투 씬이 바로 원테이크 촬영기법으로 만들어진 영상이다. 약 3분가량 컷 없이 연속으로 촬영된 장면인데, 보통은 이렇게 컷 없이 촬영하고 편집하는 경우는 드문 편이다.

필자는 컷을 자주 하면 조작된 느낌이 들고 리얼리티가 떨어질 것이라고만 생각했다. 그래서 원테이크 위주로 촬영하고 편집을 했다.

영상 편집에 대한 고민이 있던 시기에 어느 방송국 취재보도국장 출신으로 은퇴하신 분께서 필자에게 2~3초 단위로 컷을 하라고 조언해주셨다. 2~3초 단위로 컷을 하라니 처음에는 받아들이기 힘들었다. 그런데 이 이야기를 들은 후 TV방송을 보는데 무척 놀라웠다. 무엇보다 뉴스보도는 모두 2~3초 단위로 컷을 했다. 드라마나 예능 역시 컷이 아주 자주 사용되고 있었다. 유명 유튜브 채널을 보는데도 컷이 굉장히 많이 사용되는 것을 볼 수 있었다.

리얼리티를 담겠다며 한 큐에 어설픈 내용을 담기보다는 적절히 컷을 하며 잘 정돈된 영상을 만드는 것이 중요하다는 것을 깨달았다.

한 장면이 쭉 이어지는 동안에도 불필요한 소리를 컷을 통해 없애는 것도 좋다. 가령 '어~', '음~'과 같은 습관적인 소리를 내는 부분이나, 무슨 말을 해야 할지 생각이 잘 나지 않아 생기는 무음구간을 컷편집을 통해 잘라내면 굉장히 매끄럽게 영상이 만들어지게 된다.

영상과 내레이션이 각각 따로 촬영되고 녹음되는 영상에서는 2~3초 단위로 장면 전환이 이루어지도록 컷편집을 하면 좋다. 영상을 촬영하면서 녹음도 함께하는 경우는 문장 하나당 컷편집을 통해 무음 구간을 삭제해나가면 좋다. 앞에서도 이야기했듯이 이러한 컷편집을 잘 활용하면 원고를 외우지 않아도 원고를 다 외운 사람처럼 영상에 잘 담아낼 수도 있다.

편집시간 단축 방법

최근 5~7분가량 되는 영상을 만드는 데 사용되는 시간은 기획 30분, 촬영 30분, 편집 4~5시간, 총 5~6시간 정도 걸리고 있다. 아무리 단축해보려고 해도 한계가 있었다.

촬영시간과 편집시간을 단축하기 위한 두 가지 방법을 소개해보려고 한다.

첫 번째는 휴대폰의 일시정지 버튼을 사용하는 방식이다. 기획단계에서 멘트와 장면을 잘 기획해두고 일시정지 버튼을 활용하면 촬영과 동시에 편집이 되기 때문에 업로드하기만 하면 된다. 이렇게 하면 시간을 엄청나게 절약할 수 있다.

주의할 점은 일시정지 버튼을 누르기 전후로 1초 정도의 예비시간을 두면 좋다. 멘트를 마치고 1초 후에 일시정지 버튼을 누르고, 멘트를 시작하기 1초 전에 시작 버튼을 누르면 된다. 그러면 멘트가 잘리지 않고 잘 녹음된다.

두 번째는 자막 자동생성 프로그램을 사용하는 방법이다.

필자가 편집하는 데 사용하는 4시간 중 2시간은 컷편집하는 데 사용하고, 나머지 2시간은 자막을 넣는 데 사용하고 있다. 자막이 없으면 아무래도 전달력이 떨어지기 때문에 영상에서 자막은 꼭 필요하다고 보면 되겠다.

시중에 나와 있는 자막 프로그램 중에는 Vrew(브루)라는 프로그램이 가장 널리 사용되고 있다. 현재는 개인 용도나 상업적 용도 모두 무료로 오픈되어 있으니 자유롭게 사용하면 되겠다. 브루를 사용하면 영상에서 음성을 추출해서 자막을 자동으로 생성하는데, 간혹 발음이 부정확한 경우는 이상하게 추출되는 경우도 있다. 이런 경우에는 구간별로 직접 수정할 수 있는데, 영상 전체에 자막을 하나하나 집어넣는 것보다 엄청난 시간을 절약할 수 있다.

여기까지 일시정지 버튼을 활용하는 방법과 자막 프로그램을 이용하는 방법으로 영상 편집시간을 단축하는 방법을 설명해봤다.

폰트, 음악, 사진의 저작권 문제

저작권은 창작물을 만든 사람의 노력과 가치를 인정하고 보호하기 위해 마련한 권리적인 장치라고 보면 되겠다. 블로그나 유튜브에서 많이 발생하는 대표적인 저작권 문제는 폰트, 사진, 음악, 영상이라고 보면 되겠다.

필자는 관상어를 처음 사육하던 당시에 열대어 종류가 궁금해 인터넷에 떠돌던 사진을 블로그에 모아서 올린 적이 있다. 어느 날 사진의 저작권자라는 한 수족관 업체로부터 민형사상의 법적 조치를 취하겠다는 경고 메일을 받고서 무척 놀랐던 경험이 있다.

저작권자의 허락 없이 사용한 창작물은 저작권자가 문제를 제기하면 언제든지 문제가 될 수 있다. 허락 없이 퍼오고 출처만 밝힌 경우도 문제가 될 수 있다. 그래서 저작권 문제없이 사용할 수 있는 폰트, 사진, 음악을 소개해보고자 한다.

폰트는 눈누(https://noonnu.cc)라는 사이트를 통해서 무료폰트를 이용할 수 있다. 개인용과 상업용 모두 가능한 방대한 양의 무료폰트가 있다. 상상토끼 폰틀리에(https://sangsangfont.com/21)라는 곳에서도 예쁜 무료폰트를 다운받을 수 있다. 이러한 무료폰트 사이트에서 살펴본 후 내 채널에 적합한 폰트를 사용하면 되겠다.

이미지는 사진, 그림, 아이콘의 형태들이 있다. 사진의 경우 평상시 내가 직접 관심을 가지고 많이 찍어둘 필요가 있다. 찍어둔 사진들을 컴퓨터 폴더에 종류별, 날짜별로 분류를 해둔다면 나중에 필요한 때에 찾아서 사용하기 편리하다. 이미지는 픽사베이(https://pixabay.com) 사이트에서 무료로 이용이 가능하다. 유료 이미지도 판매하고 있지만 무료 이미지 중에서도 분명 마음에 드는 이미지를 많이 찾아볼 수 있다. 부동산의 영문명인 'Real Estate'로 검색해보면 약 1,800여 개의 부동산 관련 이미지가 검색되고 있으니 이 중에서 취향에 맞는 이미지를 선택해서 사용하면 되겠다.

음악은 유튜브에서 'No Copyright Music'으로 검색해보거나 Youtube Studio의 오디오 보관함에서 저작권 문제없이 사용할 수 있는 방대한 양의 음악과 효과음을 찾아볼 수 있다.

표지 이미지 썸네일

유튜브의 경우 썸네일(Thumbnail)이 무척 중요하다. 썸네일은 엄지손톱을 뜻하는 영어단어인데 손톱크기 정도의 작은 표지 이미지로 이해하면 되겠다.

크리에이터의 재미난 표정을 부각시켜 담는 경우도 있고, 출연진들을 부각시켜서 담는 썸네일 등 다양한 썸네일이 있다.

필자는 썸네일을 파워포인트(Microsoft Powerpoint) 프로그램을 통해서 쉽게 만들고 있다. 16 : 9 크기의 새 프레젠테이션을 만들고 그 위에 영상의 캡쳐본 이미지를 하나 올린다. 그리고 무료폰트를 이용해 강조하고 싶은 문장을 적는 방식으로 대표 이미지를 만들고, 이미지파일(JPG, PNG)로 저장하면 쉽게 썸네일을 만들 수 있다.

협찬 물품을 제공받아 광고로 촬영했던 썸네일 네 가지와 수족관 방문기, 관상어 사육방법에 대한 썸네일 여덟 가지를 예시로 가져와본다.

유튜브 촬영에 필요한 장비

필자는 유튜브 촬영에 필요한 장비를 유튜브로 수익을 발생시키기 전까지 구입하지 않기로 다짐을 했다. 그래서 1년간 스마트폰 하나와 편집프로그램 하나만 가지고 채널을 운영했다.

1. **영상** : 스마트폰 카메라 / 웹캠 / 캠코더
2. **음성** : 무선 마이크, 유선 마이크
3. **조명** : 링라이트, 룩스패드
4. **배경** : 녹색 배경천(크로마키월)
5. **기타** : 삼각대, 셀카봉, 짐벌, 영상편집프로그램

가장 기본이 되는 장비는 카메라다. 요즘 출시되는 스마트폰 카메라는 무척 고성능이어서 스마트폰 하나만 있어도 충분하기도 하다. 300만 원 짜리 전문가용 캠코더를 이용하는 방법도 있겠지만, 기능이 워낙 많고 조작방법도 복잡해서 오히려 스마트폰이 더 편리하게 느껴질 정도다. 책상에 앉아서 교안을 바탕으로 강의하는 형태로 촬영할 거라면 웹캠이 좋다.

카메라가 준비가 되었다면 다음으로 가장 중요한 것이 마이크다. 스마트폰 하나만 가지고 촬영할 경우 카메라와 거리가 1m만 떨어져도 녹음된 음량이 무척 작고 흐린 편이다. 또렷하고 부드러운 음색으로 녹

음하고 싶다면 유선 마이크 또는 무선 마이크가 필요하다.

얼굴이나 사물이 시커멓게 나오는 편이라면 조명에 변화를 줄 필요가 있다. 실내에서 촬영한다면 천장 조명을 보다 밝게 하는 방법도 있겠다. 링라이트나 룩스패드를 별도 설치하는 방법도 있다.

크로마키월이라고 부르는 녹색 배경천이 있다면 합성이 가능해진다. 교안 위에 조그맣게 내가 등장하는 모습을 실시간으로 합성하고 싶다면 크로마키월을 사용하면 된다.

이외에도 카메라를 고정할 때 사용하는 삼각대, 움직이며 촬영할 때 카메라를 흔들림 없이 촬영할 수 있게 도와주는 짐벌과 같은 장비가 있으면 더 좋다.

실력은 시간과 함께 늘어난다

유명 시리즈 만화책들을 보면 1화의 그림체는 어딘가 많이 부족해보인다. 그리고 후에 연재가 거듭될수록 그림실력이 늘어나는 모습을 종종 볼 수 있다. 여러 편을 그리면서 점점 그림실력이 좋아진 것으로 보인다.

블로그나 유튜브도 마찬가지다. 처음 작성하는 글이나 처음 제작한 영상은 나중에 다시 들여다보면 아쉬운 점을 많이 발견하게 된다. 처음부터 다 잘할 수 없다. 용기를 가지고 처음 시작하는 것이 중요하다. 유튜브 같은 경우는 1년간 30~40편 정도 제작하다 보면 구독자도 조금씩 늘어나고 실력도 덩달아 수준급으로 늘어나 있을 것이다. 나만의 제작 시간 단축 노하우도 생기고, 블로그 역시 머릿속에서 글이 쏟아져 나오는 시간이 빨라지게 된다. 사진을 찍더라도 블로그의 스토리를 생각하며 찍게 된다. 사진을 찍으면서 바로 스토리까지 짜버리면 생각하며 글을 쓰는 시간을 단축하게 된다.

"여러분의 성공적인 블로그와 유튜브를 응원하겠다."

PART
08

지점 사례

안양평촌지점

20여 년 동안 자영업(의류 대리점)을 하면서 나름 만족했다. 하지만, 한편으로 미래에 대한 불안감을 느끼고 있을 때 공인중개사를 추천받았다. 1년이라는 시간을 투자해서 어렵게 자격증을 취득했다('장사하면서 인강으로 공부해도 6개월 만에 합격할 수 있다고 하더라' 하며 공인중개사 공부를 추천해주신 옆 매장 사장님과는 인연을 끊었다).

진짜 문제는 합격을 하고 난 후부터라는 걸 아는데 많은 시간이 걸리지 않았다. 합격의 기쁨은 그야말로 잠시였다. 취업을 하기에는 각종 제한(나이, 경력, 컴퓨터 등)이 있었다. 개업 또한 기존 부동산 중개사무소의 견제와 형성되어 있는 엄청난 권리금으로 결정을 내리기 쉽지 않았다.

그때 우연히 우대빵을 알게 됐다. 우대빵은 무엇보다 누구나 쉽게 따라 할 수 있도록 중개시스템이 체계적이어서 좋았다. 엄청난 수의 매물 확보, 평균 창업 경비의 1/3 수준의 창업 비용 등 초보자에게 딱 맞는

우대빵과 함께하는
성공 부동산 중개사무소 창업

조건을 갖추고 있었다. "그래 이왕이면 제대로 해보자. 돈은 못 벌어도 제대로 배우고 오자. 투자라고 생각하자"라는 마음으로 시작하게 됐다.

우대빵 창업을 결정하고 여러 가지를 고민을 했다. 오픈 지역 결정, 사무소, 인테리어, 매물확보, 직원 교육 등. 하지만 결론적으로 말씀드리면 내가 체크해야 했던 부분은 사무소 위치를 결정하는 정도였다. 그조차도, 사무실은 2층에 위치한 권리금 없는 자리고, 시설비는 최소로 투자하라는 것이 조건이었다. 보증금은 2,000만 원 이하고, 월세는 100만 원 선이었고, 외부에 간판을 걸 수 있는 자리 정도였기에 어렵지 않게 구할 수 있었다.

나머지는 우대빵에서 많은 부분을 해결해주었다. 오픈을 혼자 하는 것이 아니라 든든한 중개법인과 같이 준비할 수 있어 별다른 어려움 없이 했다. 오픈 과정에서 가장 인상 깊었던 것은 다른 무엇보다 오픈 첫날 집주인분들이 십시일반 모아서 보내주신 대형 화분과 직접 소문을 듣고 방문해서 축하해주시는 소유주분들의 모습이었다.

'부동산 중개사무소 오픈이 이렇게 환영받을 일인가?'라는 생각과 진심으로 열심히 해야겠다는 생각이 들었다. 오픈 후 자리 잡기까지는 우대빵만의 특화된 법률, 세무, 대출 서비스가 많은 도움이 됐다. 특히 점점 복잡해지고, 다양해지는 부동산 세무상담은 고객들이 많이 어려워하시는 부분이지만 속 시원하게 답해주는 곳이 없었던 것이 사실이다.

물론 나도 세무를 전문으로 상담할 정도는 되지 못한다. 하지만 고객의 문의 사항을 잘 적고 법인 협력 세무사에게 잘 전달하고 그 답을 전달해주는 것만으로도 "우대빵은 세무상담과 법률상담에 대출상담까지 잘해주더라"라는 칭찬을 받고 지역 커뮤니티를 통해 빠르게 홍보되는 효과도 누릴 수 있었다.

또한, "고객님이 맡겨 주신 소중한 매물을 최대한 맡겨 주신 금액으로 거래한다"라는 원칙을 가지고 진심으로 다가가자, 오래지 않아 깊은 신뢰를 얻을 수 있었고 어렵지 않게 지역 부동산 중개사무소로 자리를 잡을 수 있었다.

우대빵 안양지점을 책임지고 있는 나의 목표이자 꿈은, 지역을 대표할 수 있는 부동산 중개사무소가 되는 것이다. 규모나 거래금액, 거래량에서만이 아니라, 좋은 집을 찾으시는 분도, 급하게 집을 팔아야 하는 분도, 세입자를 새로 구하셔야 하는 분도, 사시다가 집에 문제가 생기신 분도, 부동산에 관해 어려움이나 궁금한 점, 또는 도움이 필요하신 분이라면 누구라도 제일 먼저 떠오르는 중개사무소가 '우대빵 부동산 중개법인 안양지점'이 되는 것이다.

인생의 2막에서 좋은 기회를 주신 우대빵에 깊은 감사의 말씀을 전하며, 항상 모범이 되는 지점이 되기 위해 최선을 다할 것이다.

마지막으로 에스테이트클라우드의 이창섭 대표님, 아카데미의 우동윤 대표님, 심형석 교수님, 중개법인의 조용석 대표님, 김동남 이사님, 존경의 말씀을 드린다. 김민규 팀장님, 김민주 실장님, 김소진 과장님, 전선영씨 어려울 때마다 짠 하고 나타나 해결해주셔서 정말 감사드린다.

보이지 않는 곳에서 궂은 일 하나하나 처리해주시는 전민석 부장님, 이건희 대리님, 임우재 씨께도 감사드린다.

무엇보다 부족한 나를 옆에서 응원해주시고 도와주시는 이현철 소장님, 장정현 소장님! 사랑한다.

지금의 내가 있는 것은 우대빵에서의 처음과 끝을 함께하실 정석훈 하남지점장님 덕분이다. 정말 마지막으로 인생의 나침반이 되어주시는 큰 누님께 감사드린다.

끝으로 아들, 공부 좀 하자. 아빠가 평생 처음 하는 말인 것 같다.

하남지점

공인중개사시험 합격을 확인한 이후 기쁨의 순간을 지인들과 나누면서도 창업을 해야 하나, 취업을 해서 경험을 쌓은 후 창업을 해야 하나 수없이 생각하고 고민하면서도 결정을 못하고 있었다. 중개업을 하고 있는 지인들을 만나 그분들의 경험담과 조언을 듣기도 했다.

합격 후 소속공인중개사로 취업해 중개업을 경험 후 창업한 경우도 있고, 바로 창업을 한 경우도 있었지만, 모든 분들의 공통된 의견은 바로 창업해도 된다는 것이었다. 하지만 확신을 하지 못했다.

창업 준비와 자신감을 얻기 위해서 협회의 실무교육을 듣고 학원에서 유료로 진행하는 현직 공인중개사의 생생한 실무교육과 매물의 광고방법, 그리고 손님을 유치하기 위한 온라인 홍보방법 등 다양한 강좌를 수강했다.

실무교육에는 계약서 작성방법, 관공서 공부 찾는 방법, 사례별 특약이나 상황별로 확인해야 할 사항 등을 다뤘지만, 이것 역시 창업을 할 수 있다는 자신감을 갖게 하지는 못했다.

중개사무소를 창업하려면 일반적으로 기존의 중개사무소를 인수해야 한다고 한다. 적지 않은 권리금이 필요한 것을 여러분들도 알고 계실 거다. 중개사무소 인수에 권리금은 왜 존재하는지 알아봤다. 금액은 그 가치에 대비해 너무나도 비쌌으며 불합리하다고 느꼈다. 하지만 알면서도 일반화되어 있는 기존의 창업 형태를 답습할 수는 없었다.

학원에서 같이 공부하며 합격 후 취업 준비와 창업 준비를 같이 알아보던 지인에게 우대빵이라는 중개법인에서 창업을 위한 교육을 진행하는데 수강해보겠다는 말을 전해 들었다. 그때는 일정이 맞지 않아 참석하지 못하니 수강 후 강의내용을 전해듣기로 했다. 들어보니 우대빵의 창업교육은 기존의 일반적인 실무교육과는 달랐다.

우대빵에는 특별한 강점이 있었다.
1. 고객의 입장에서 공정하고 투명한 중개를 약속하는 대의명분
2. 체계적으로 개발된 중개관리 시스템
3. 중개 시 상황별 체계화된 중개관리 매뉴얼
4. 초보중개사인 나를 도와줄 수 있는 중개관리 프로세스

그 후 우대빵 대표와의 첫 만남에서 중개법인의 비전을 듣고 창업에 대한 확신을 갖게 됐다. 창업 과정을 수강하고 하남지점을 우대빵 법인의 도움으로 창업하게 됐다.

하남지점 창업하기

창업교육을 이수한 후 창업할 지역을 우대빵 본점과 상담 후 결정하고 나니 그동안 수없이 생각으로만 그리던 꿈같은 계획이 현실로 다가오는 것을 느끼게 됐다. 지점을 창업하려면 무엇보다 먼저 상가 구하는 것이 급선무였다.

하남시에는 미사강변도시를 중심으로 풍산지구, 하남시청역주변 원도심, 감일택지구, 위례신도시 그리고 3기 신도시로 개발예정지인 교산지구가 있다. 그중에서도 미사신도시 내에는 33개 아파트단지가 조성되어 있는데, 5호선 미사역을 중심으로 형성되어 있는 중심상업지구 내 상가를 알아보기로 했다. 우대빵 안양평촌지점을 운영하고 계시는 지점장님에게 많은 도움을 받으며 함께 수차례 임장했다. 그 결과 미사신도시 내 상징성이 있는 건물에 부동산 중개사무소를 통하지 않고 상가 소유주분과 직접 임대차 계약을 하게 됐다.

그다음 상가계약 못지않게 중요한 일은 공인중개사 시험 합격 후 소속공인중개사로 근무하시는 소장님을 설득하는 일이었는데, 감사하게도 하남지점에서 개업공인중개사로 같이 근무하시기로 결정해주셔서 아직은 많이 부족하지만 하남지점이 자리 잡아갈 수 있도록 많은 도움을 주고 계시다.

그 후 우대빵 본점 확장팀과 교육팀의 도움으로 지점 개설등록, 중개관리시스템 설치와 현장 실무 교육을 마치고 하남지점 정식오픈(2021년 6월 12일)을 하게 됐다. 창업이 처음인 나로서는 조력자가 있는 것이 두려움을 이겨낼 수 있는 버팀목이었다.

하남지점 자리 잡기

우대빵 하남지점 입점을 기다리시던 입주민들께서 지점 오픈 전부터 많은 문의가 있었다. 정식 오픈일 전에도 직접 방문해 매물을 접수하며 격려해주시던 입주민들의 말씀이 기억난다. 우대빵이 입점하면 중개사무소 중심이 아닌 매도자와 매수자, 임대인과 임차인 중심의 중개문화가 형성된다는 확신을 갖고 있다고 하시며, 우대빵 부동산 중개사무소를 신뢰한다는 말씀이었다. 지역 단톡방, 소유주 카페 및 단톡방 또는 지인에게서 우대빵 부동산 중개사무소를 알게 됐다며, 매물접수 및 매수 의뢰를 하는 분들이 있기에 출근 후 하루를 매우 바쁘게 보내고 있다.

부동산 중개를 하면서 고객에게 신뢰를 줄 수 있다는 것은 우대빵 브랜드가 가지는 큰 장점이라고 생각한다. 부동산 중개업계를 이끌어 나가는 선도적인 부동산 프롭테크 기업으로 체계화된 중개시스템을 보유하고 있는 우대빵을 선택했다는 것과 함께 '공정하고 투명한 중개'라는 우대빵 부동산 중개법인의 대의명분을 잊지 않고 중개를 한다면 지금보다 더욱더 많은 고객분들의 신뢰를 받을 수 있을 거라고 생각한다.

하남지점의 꿈

생각만 해서는 아무 일도 일어나지 않는다는 말을 많이 들었다. 그럼에도 합격 후 여러 가지 불안감으로 창업보다는 먼저 취업을 선택하는 분들이 많이 있는 것 같다.

해보지 않았기 때문에 불안할 수는 있지만 나를 도와줄 수 있는 든든한 누군가가 있다면, 부동산 중개사무소 창업이라는 선택을 취업보다는 먼저 선택할 수 있다고 생각한다.

두려울 수는 있으나 창업 후 매매 또는 임대차 중개를 하고 있는 나를 생각해보면 걱정보다는 뿌듯함과 행복함을 느낄 수 있을 것이다. 지금 중개업을 하고 있는 선배님들은 과거 사람들이 망설일 때 용기를 낸 분들이다.

도전은 어려운 사업이나 기록 경신 따위에 맞섬을 비유적으로 이르는 말이라고 한다. 100% 확신을 가지고 사업을 시작할 수는 없지만 두려움을 이겨내야 한다. 내 옆에는 우대빵 부동산 중개법인이 있다면 우리 모두 중개업 창업을 성공적으로 해낼 수 있다고 생각한다.

하남지점은 고객의 입장에서 정직하게 중개를 하려고 노력 중이다. 고객의 신뢰가 쌓이면 계약도 늘어나리라 생각한다. 아직 1년도 안 된 시점이지만, 고객이 신뢰를 하고 믿을 수 있는 중개사무소를 만들고 싶다.

공인중개사시험 합격 후 창업을 준비하시는 분들은 창업이 쉽지는 않지만 우대빵과 함께 나도 창업할 수 있다는 자신감을 가지시라. 여러

우대빵과 함께하는
성공 부동산 중개사무소 창업

분의 현명한 선택은 1년 뒤 여러분을 행복하게 할 수 있을 것이다.

도전해보시라. 여러분의 성공을 기원드리겠다.

남양주의 꿈

체계적인 시스템이 매력

　15년이라는 긴 회사 생활을 마치고 제2의 인생으로 어떤 것을 시작할까 고민했다. 회사 재직시절 담당했던 법률업무의 경험을 살려 공인중개사 시험에 응시하게 됐고 합격의 기쁨을 누리게 됐다. 합격의 기쁨도 잠시, 장롱면허의 최고봉이란 이 공인중개사 자격증을 어떻게 이용해야 할지 고민하게 됐다. 소규모 부동산 중개사무소는 일을 배우기도 어렵고 체계도 없으며 그냥 닥치는 대로 내가 눈치껏 배울 수밖에 없다는 말을 익히 들었던 터라 조금 더 체계적이고 전문적으로 배울 수 있는 대형 중개법인들을 여러 곳 비교했다. 그중 단연 눈에 띄는 곳은 설립된 기간은 얼마 지나지 않았지만 가두리하지 않고 허위매물이 없으며 모든 중개를 체계적인 시스템으로 진행한다는 우대빵이었다. 이전

우대빵과 함께하는
성공 부동산 중개사무소 창업

의 주먹구구식 중개가 아닌 체계적 시스템이 있다는 점, 한참 커나가는 중개법인에서 나 역시 함께 커갈 수 있다는 점, 무엇보다 시장 지배적 법인이 될 수 있다는 가능성이 크다는 점을 아주 높게 평가한 나는 우대빵의 채용공고를 보고 망설이지 않고 지원하게 됐다.

체계적 교육으로 중개업무에 적응

우대빵에 지원 후 면접을 보고 나서 꼭 같이 일하고 싶은 마음이 더 커져 결과를 기다리던 중 반가운 합격전화를 받고 기쁜 마음으로 출근하게 됐다.

처음 출근 후 소규모 부동산 중개사무소처럼 잡일부터 시작한 것이 아니라 중개 및 중개계약에 필요한 체계적 교육들을 받았다. 우대빵에 대한 내 생각이 틀리지 않았음을 확신하게 됐다. 매물을 익히는 법, 손님과 매물을 매치하는 법, 중개사고를 일으키지 않는 법, 중개에 꼭 필요한 역량을 기르는 법, 계약체결 및 잔금완료까지 진행되어야 할 절차 등 다방면에 걸쳐 꼭 필요한 교육을 차근차근 받게 됐고 하나라도 더 배우기 위해 열심히 노력했다.

또한 우대빵 중개시스템 및 이와 연동되는 각종 프로그램들을 사용하는 방법을 배웠고, 이를 기반으로 해서 일일이 관리하지 않아도 매물에서 손님을 거쳐 중개까지 모든 걸 유기적으로 연결할 수 있었다. 이와 같은 시스템으로 한결 편하게 중개업무에 적응할 수 있었다.

우대빵에서 성과내기

사람과 부딪혀서 하는 일을 오래 했던 지라 그래도 잘할 수 있지 않을까 했던 것은 그냥 나의 바람이었다는 걸 깨닫게 되는 데는 오래 걸리지 않았다. 부동산 계약이라는 특성상 적게는 몇천만 원에서 많게는 몇십억 원의 자산이 오고 가는 영역이다 보니 손님은 본인들의 요구사항을 하나라도 더 관철시키려고 했다. 중간에 서 있는 중개사는 양측의 현재 상황, 요구사항, 자금내역을 파악하고, 조건을 조율하고 확정해야 비로소 계약으로 진행됐다. 그 과정은 초보 중개사가 하기엔 생각보다 어렵고 복잡했다. 처음엔 양쪽의 상황도 파악하지 못한 채 손님에게 이 매물, 저 매물을 추천하고 보여드리고 하다 보니 계약은 이루어지지 않았다. 마음이 다급해지자 더 막무가내로 집을 보여드리고 연락을 하게 됐다. 오히려 손님은 부담을 느껴 나의 연락을 피했다.

한참 자신감이 떨어질 때쯤 강서본점 중개실장님의 중개현장을 따라다니게 됐다. 중개하는 모습들을 보고 어떤 부분을 놓치고 있었던 것인지 깨닫게 됐다. 나는 중개가 아닌 매물 소개를 하고 있었다. 중개가 계약으로 이어지기 위해선 매물에 대한 지식은 기본이고, 양측의 정보를 최대한 중개사가 많이 가지고 있어야 한다. 또한 양측이 요구하는 것 중 허용 범위를 넘어서는 것은 제한해야 한다. 양측의 요구사항 중 꼭 관철되어야 할 것을 파악하고 그 조건은 관철시키되 나머지는 양보를 유도해야 한다. 적어도 중개사가 한쪽 편만 든다고 생각하지 않게 조율하는 것이 중요하다. 이렇듯 매수, 매도인을 밀고 당길 수 있어야 모두 만족스러운 계약이 성립될 수 있다는 것을 알게 됐다.

중개의 기초적인 사항들을 배우고 나니 이후 우대빵의 시스템은 내게 날개를 달아주었다. 소규모 부동산 중개사무소와는 비교할 수 없는 압도적 매물 수 및 매물을 보고 연락하는 수많은 손님의 배정으로 2021년 1월 중순에 출근을 시작했는데 2월에만 7개의 계약을 체결하게 됐다. 이제 겨우 2개월 차의 초보중개사인 나로서는 한 달 동안 7개의 계약을 조율하고 체결하는 것이 몹시 힘들게 느껴지기도 했다. 그러나 우대빵 시스템 내의 가계약 단계부터 잔금 단계까지 세분화된 각 단계마다 체크해야 할 체크리스트대로 일일이 숙지하며 따라가자 완벽한 계약서까지 작성할 수 있었고, 7개의 계약 모두 차질 없이 진행할 수 있었다.

이후 자신감이 붙은 나는 2월을 포함한 5개월간 총 30개의 계약을 체결했고, 누적 거래금액으로는 185억 원에 달하는 거래를 성사시킬 수 있었다.

서대문 지점장으로

강서본점에서 열심히 중개사로서 역량을 키워가던 중 중개법인으로부터 서대문구 분사무소의 책임자로 일해보지 않겠냐는 제안을 받게 됐다. 서대문구는 생소한 지역이라 매물에 대한 지식부터 다시 처음부터 시작해야 한다는 부담감이 있었지만, 새로운 도전이라는 생각으로 제안을 받아들였다.

서대문구는 생각보다 어려운 시장이었다. 서대문구 부동산 중개사무소의 담합은 훨씬 강해 매물확보의 어려움이 있었다. 각 아파트의 특색도 강해서 손님이 원하는 매물을 찾지 못하는 경우 손님을 놓치는 경우가 많았다.

그러나 거기에 실망하지 않고 손님을 놓치지 않기 위해 공동중개가 될 때까지 20~30개 부동산 중개사무소에 모두 전화했다. 그중 공동중개가 가능한 부동산을 찾고 협력해서 진행했다. 책임자로 자리를 옮긴 지 1주일 만에 매매계약 체결까지 완료했다. 그러나 공동중개로는 한계가 있기 때문에 스스로 자생하기 위해 더 많은 매물을 확보하고자 기존에 하지 않았던 홍보 방식을 도입했다. 블로그 홍보 및 본사와 협업해서 유튜브 광고 지원 등을 준비하고 있다. 우대빵이라는 이름의 힘을 믿기에 이러한 노력이 더 많은 성과를 낼 것이라고 확신한다.

다산의 꿈

입사 후 본격적으로 우대빵은 분사무소, 가맹점 등 여러 방법으로 전국적으로 사업을 확장하고 있었다. 나 역시 동참해야 한다는 판단에 남양주 다산신도시에서 우대빵의 이름으로 함께하고 싶다는 의사를 밝혔다. 남양주는 경기 동북부 거점 지역이며, 다핵화된 지역이다 보니 확장성이 좋다. 평내, 호평, 덕소, 진접 등 기존 도심지와 택지지구로 개발

된 다산신도시, 별내신도시, 이후 개발될 3기 신도시인 왕숙신도시까지 서로 조화를 이루고 있기에 충분히 성공 가능한 시장이라고 판단했다. 우대빵 중개법인은 이러한 내 판단을 존중해줬다. 내년 상반기 남양주시 분사무소를 개소하기로 상호 협의했다.

내년에 나는 우대빵 강서본점과 서대문을 거치며 습득한 지식과 경험으로 남양주시 분사무소를 운영할 것이다. 분사무소 운영으로 그치지 않고 다핵화된 남양주 각 거점마다 가맹점을 개설, 운영해서 남양주만큼은 그 어느 부동산 담합에도 결코 지지 않도록 우대빵 가맹점 체인을 견고히 할 각오다. 남양주는 가두리 없고 허위 매물 없는, 그래서 담합이 없는 깨끗한 부동산 시장으로 만들고 싶은 목표가 있다. 그러기위해서 더 많은 홍보방법과 손님을 창출해내는 방법 등 아직 배워야 할것들이 많다. 이를 배우기 위해 우대빵에서 오늘도 열심히 손님에게, 매물에 그리고 관련된 모든 분들에게 배우고 있다.

처음 입사지원할 때만 해도 나는 단순히 안정적으로 배우고 수익을 창출하는 목표로 시작했다. 그러나 매 순간 시시각각 커가는 우대빵을 보고 나 역시 같이 앞으로 함께 나아가고 싶다는 결심을 했다. 경기 동북부거점 지점을 내가 운영하고 싶다는 목표로 꿈이 커졌다. 그리고 이제는 '목표'라고 붙인 저 글들이 내년에는 '성과'라는 이름으로 나타날것이라고 확신한다.

지금은 중개업의 빅뱅시대다. 기존의 질서는 허물어져가고 있고, 여러 프롭테크화한 법인이 난무하고 있다. 옥석을 가리기 힘든 혼란의 시대라고 생각된다. 그러나 결국 중개업은 공장에서 물건을 찍어내서 돈을 버는 기술이 아닌, 사람을 움직여 가치를 창출하는 영역이라고 생각한다. 아무리 기술이 훌륭한 기업이라도 기술로는 당사자들의 복잡하고 미묘한 심리를 간파하고 설득하며 조율해서 계약을 이루어낼 수는 없다. 내가 처음 중개업에 발을 들였을 때 계약을 이루어내지 못한 것처럼 중개의 본질이 없는 기술은 빛 좋은 개살구일 뿐이다. 이런 면에서 중개업의 본질인 '중개'부터 '계약'에 이르기까지 직접 모든 것을 함께할 수 있는 우대빵의 이름 아래 중개업을 할 수 있게 한 내 선택이 자랑스럽다. 그리고 함께 커갈 나와 우대빵, 그리고 우대빵 가족들의 모습을 생각하며 오늘도 열심히 달려나가고 있다.

우대빵과 함께하는
성공 부동산 중개사무소 창업

초판 1쇄 2021년 12월 15일

지은이 조용석 외
펴낸이 서정희 **펴낸곳** 매경출판㈜
기획제작 ㈜두드림미디어
책임편집 이향선, 배성분 **디자인** 노경녀 n1004n@hanmail.net
마케팅 강윤현, 이진희, 장하라

매경출판㈜
등록 2003년 4월 24일(No. 2-3759)
주소 (04557) 서울특별시 중구 충무로 2(필동 1가) 매일경제 별관 2층 매경출판㈜
홈페이지 www.mkbook.co.kr
전화 02)333-3577
이메일 dodreamedia@naver.com
인쇄 · 제본 ㈜M-print 031)8071-0961
ISBN 979-11-6484-336-7 (03320)

책 내용에 관한 궁금증은 표지 앞날개에 있는 저자의 이메일이나
저자의 각종 SNS 연락처로 문의해주시길 바랍니다.

책값은 뒤표지에 있습니다.
파본은 구입하신 서점에서 교환해드립니다.

부동산 도서 목록

세무사 3人이 알려주는
세무조사
대비의 모든 것
네는 현금 보인까지

향후 5년 부동산 정책 핵심 공략
문재인 시대
부동산 트렌드

서울시 분쟁조정의 주무관이 말하는
상가임대차
분쟁 솔루션

주택 연출가
무조건 따라하기

커피 한 잔 값으로
초대형 오피스 주인 되기
리츠
얼리어답터

고수익을 선사주는 블루오션 토지 경매
신의 한 수
금맥
경매
진짜 복잡하다고 단어는 말하려는 누구나 다 쉽게 하는
토지 경매의 금맥을 캐다!

주택·아파트 매각 공략 필수 전략 특별공개까지
주택
아파트
세무 가이드북
실전편

권리분석
완전정복으로
10년 안에
10억 벌기

고수가 알려주는 확실 타점 땅 투자의 모든 것
대한민국을
움직이는
땅 투자 법칙 100

토지 투자 전문가 박사소이 실전 부동산 투자 노하우
땅투자
10단계 절대불변의 법칙

흔한 직장인의 화려한 말뚝 투잡 경매 성공기
돈의 보감
평범한 샐러리맨, 투잡 경매로
5년에 10억 벌다
경매로 재테크하고
NPL로 두 번째 월급 받다

나는 갭 투자로
300채 집주인이
되었다

토지
세무
가이드북
실전편

부동산 상가 경매, 권리 분석 및 절세까지 한번에
新 상가
투자
보물
찾기

상가
세무
가이드북
실전편

NPL
가격 산정의 비밀

응답하라!!
위기의
부동산

나는
토지 경매로
금맥을 캔다

토지보상경매
실전활용

세무조사
실무
가이드북
실전편

㈜두드림미디어 카페(https://cafe.naver.com/dodreamedia)
Tel : 02-333-3577   E-mail : dodreamedia@naver.com